KB201421

제프 로빈슨은 우리에게 예수님을 닮는다는 것이 무엇을 의미하는지 알려 준다. 그것은 우리가 말하는 방식을 통해 드러난다. 이 책은 성경에 깊이 뿌리내리고 있고, 번뜩이는 예화로 가득하다. 독자들로 하여금 스스로를 돌아보게 할 뿐 아니라 각자가 실천해 보도록 격려한다. 나는 이렇게 실제적이면서도 목회적인 작품에 경의를 표한다. 아울러 이 책이 널리 읽히기를 바란다.

토마스 R. 슈라이너 Thomas R. Schreiner | 미국 남침례Southern Baptist 신학교 성경신학 교수,
《성경신학》 저자

이 책이 마음에 와 닿았던 이유는 내가 가장 크게 후회하는 일이 말을 잘못 사용하는 데서 비롯되었기 때문이다. 나는 비밀을 지키지 못했고, 지나치게 비판적이었다. 나 자신을 그럴듯하게 만들려고 자랑했고, 경청해야 할 자리에서 오히려 대화를 이끌려고 했다. 솔직하게 말해야 했을 때, 진심 어린 칭찬을 해야 했을 때, 소신을 갖고 목소리를 내야 했을 때 오히려 침묵했다. 이 짧은 책은 어떻게 말을 사용해야 하는지에 대해 통찰력 있는 눈으로 지혜롭게 조언한다. 혼자 기도하며 읽어도 좋지만 소그룹에서 토론하며 사용하면 훨씬 더 유용할 것이다.

낸시 거스리 Nancy Guthrie | 《무엇을 위해 기도할까》 저자

말하기에 관한 책을 집어들 때마다 스스로를 다잡게 된다. 나는 말을 바르게 하기 위해 오랫동안 씨름해 왔고 지금도 여전히 매일 투쟁하고 있다. 그러나 이 문제는 삶에서 늘 새로운 모습으로 나타나 번번이 문제를 일으킨다. 제프 로빈슨은 이 책을 통해 우리의 언어생활의 문제들을 되돌아보게 할뿐만 아니라 변화될 수 있다는 소망도 준다. 이 책을 통해 나는 방식만 바꿨을 뿐 여전히 악하게 말하고 있다는 사실을 확인할 수 있었다. 동시에 그리스도의 은혜가 여전히 내 안에서 역사하신다는 사실 또한 깨닫게 되었다. 만약 말을 바르게 사용해야 할 필요가 있다면 (우리 모두에게 필요하지 않을까?) 이 책은 무척 유익할 것이다. 강력하게 추천한다.

코트니 레이시그 Courtney Reissig | Glory in the Ordinary 일상에서 누리는 영광 저자

"경우에 합당한 말은 아로새긴 은 쟁반에 금 사과니라(잠 25:11)." 잠언에 나오는 이 인상적인 구절은 말이 어떻게 아름다움을 만들어 내고, 또 추함을 만들어 내는데 사용될 수 있는지를 확실하게 되새겨 준다. 말에는 실제적으로 힘이 있다. 말에 대해 긍정적인 측면과 부정적인 측면을 모두 다루는 제프 로빈슨의 연구는 이러한 현실을 다루는 데 매우 유용하다. 이 책을 읽고 모든 독자들이 공동체의 유익과 하나님의 영광을 위해 말하게 되기를 바란다.

마이클 A. G. 헤이킨 Maichael A. G. Haykin | 《깊은 영성》 저자

제프 로빈슨은 무너뜨리기도 하고 치료하기도 하는 말의 힘에 대해 설득력 있게 설명한다. 우리가 예수의 제자라고 주장한다면, 사람들은 우리의 말과 어투를 보고 예수님이 어떤 분인지를 판단할 것이다. 이 책에는 기억할 만한 예화들이 다수 등장한다. 그럼에도 이 책의 가장 큰 장점은 영원히 남을 유일한 말, 곧 하나님의 말씀을 타협하지 않고 살핀다는 점이다.

랜디 알콘 Randy Alcorn | 《돈, 소유, 영원》 저자

제프 로빈슨은 이 책에서 자신이 말을 바르게 사용하기 위해 애썼던 경험을 진솔하게 들려준다. 그는 성경을 통해 말이 가진 힘, 말을 사용하는 방법, 복음이 다른 사람을 교화하기 위해 말을 어떻게 변화시키는지에 대해 곰곰 생각해 보도록 우리를 자극한다. 나는 매 장을 읽으면서 이러한 문제에 대해 최고의 길을 발견할 수 있었고, 마침내 책을 덮을 때는 하나님의 은혜에 경외심을 품게 되었다. 가정과 공적 사역의 현장에서 말을 사용하는 사람으로서 나는 이 책을 주기적으로 다시 봐야 할 것이다.

젠 오쉬만 Jen Oshman | Enough About Me 충분히 만족스러운 나 저자

어떤 책은 우리 시대에 고유한 문제만을 다룬다. 또 어떤 책은 남성, 여성, 부모, 독신자, 학생, 임산부, 재정 위기에 처한 사람 등 일부에게만 해당되는 문제만 다룬다. 하지만 제프 로빈슨은 시대를 초월하여 보편적으로 문제가 되는 말을 바르게 사용하는 것에 대

해 다루고 있다. 이 책은 성경적 진리, 수많은 개인적인 경험으로 얻은 지혜와 실질적인 조언으로 가득하다. 언어를 사용하는 우리에게는 이 책이 필요하다. 열린 마음으로 받아들일 준비가 된 사람이라면 이 책을 통해 죄를 깨닫고, 어떻게 말을 사용해야 하는지 도움을 얻을 수 있을 것이다.

도널드 S. 휘트니 Donald S. Whitney | 《오늘부터, 다시, 기도》 저자

정말 필요하다. 잘 읽힌다. 지속적으로 적용할 수 있다. 나는 이 책을 다시 읽을 것이고, 회중에게 나눠 주고, 함께 공부할 것이다. 왜일까? 말의 부적절한 사용에 대해서는 반성하게 하고, 긍정적인 말의 사용을 강조하며, 경청하는 것이 건강한 대화의 토대가 됨을 상기시키기 때문이다. 이 책은 탄탄한 성경적 토대 위에 일상에서 흔히 접할 수 있는 사례를 보여 주고 행동의 변화로 이어지도록 격려한다. 때로는 유머러스하게, 때로는 냉정하게 그러나 항상 정곡을 찌르는 이 책은 우리가 그리스도를 따르는 제자답게 대화할 때 어떤 영향력을 끼치는지 보여 준다. 복음이 우리의 대화를 어떻게 변화시키는지에 대해 배우는 것은 매우 값진 일이다.

필 A. 뉴튼 Phil A. Newton | 사우스 우즈South Woods 교회 담임 목사, 《장로》 저자

그리스도인의 말은 소금과 빛이 되어야 한다. 그러나 우리 모두는 거칠고, 성급하고, 불친절하고, 경건하지 않은 말을 하고야 만다. 성급하고 경솔한 말들이 넘쳐나는 이 시대에 《험담, 그 일상의 언어》는 시의적절하고 꼭 필요한 책이다. 제프 로빈슨은 자신의 목회 경험과 성경적 진리를 바탕으로 명료하게 글을 쓴다. 그리하여 모든 것을 구속하러 오신 분, 바로 하나님의 말씀 자체이신 예수님을 주목하게 하고, 그로 말미암아 우리도 말을 바르게 사용하도록 변화될 소망을 품게 한다.

코트니 닥터 Courtney Doctor | 복음연합(TGC) 총괄기획

하나님의 말씀이 우리의 말보다 앞서 존재했다는 사실은 그 중요성을 아무리 강조해도 부족하다. 같은 말이라도 어떻게 사용하느

나에 따라 누군가를 파괴할 수도 있고 치유할 수도 있다. 《험담, 그 일상의 언어》에서 내 친구 제프 로빈슨은 말에 대한 성경의 주요 주제를 자세하게 설명하고 또 명확하고 강력하게 적용한다. 이 책은 비교적 짧고 간결하면서도, 명확하고, 분명하고, 확신을 주며, 궁극적으로 하나님의 사람들에게 꼭 필요한 자료를 제공한다. 각 장별로 제공되는 암송 구절과 소그룹 나눔을 위한 질문들은 이 책이 성경공부나 주일학교 교재로 사용되기에도 손색 없게 만들었다.

짐 사바스티오 Jim Savastio | 루이빌 개혁 침례교회 Reformed Baptist Church of Louisville 원로 목사

최대한 간결하게 이 책을 표현해 보겠다. 이 책은 빈틈없고, 희망적이고, 예리하고, 마음을 끌고, 시의적절하고, 신자의 신앙생활을 도우며, 복음적이다. 구입하여 읽어 보라. 마음에 들 것이다.

데이브 하비 Dave Harvey | 《세속주의를 경계하라》 저자

말은 누군가를 세우는 데도 쓰일 수 있지만, 누군가를 무너뜨리는 데도 쓰일 수도 있다. 요즘처럼 소셜 미디어가 범람하는 시대에는 이런 말이 가진 힘에 대해 되돌아보게 하는 책이 꼭 필요하다. 이런 책이 과거 부주의한 언행으로 다른 사람에게 해를 끼쳤던 저자가 자신의 아픔을 바탕으로 정직하게 쓴 책이라면 어떻겠는가? 게다가 그 사람이 노련하고 명료하게 글을 쓰는 사람이라면 어떻겠는가? 지금 당신이 손에 쥐고 있는 이 책이 바로 그런 책이다. 제프 로빈슨은 노련하고, 참신하고, 정직하며, 명료하고, 통찰력까지 갖췄다. 이 책은 성경에 충실할 뿐만 아니라 매우 실용적이다. 목회자라면 자신의 영혼을 위해 먼저 읽고, 또 섬기는 영혼들을 돕기 위해 읽어야 하는 책이다. 소셜 미디어를 사용하지 않아도 상관없다. 그리스도인이라면 누구라도 이 책을 통해 타인에게 생명과 은혜의 말을 보다 잘 사용하게 될 것이다. 의심할 여지없이 하나님의 섭리로 적절한 때에 나온 책이다.

브라이언 크로프트 Brian Croft | 《설교, 인내로 걷는 길》 저자

말을 바르게 사용해야 한다는 것을 깨닫게 하는 책을 읽고 싶은 사

람은 아무도 없다. 그럼에도 우리 모두는 이 책을 읽어야 한다. 제프 로빈슨의 번뜩이는 이야기와 충실한 성경 주해를 통해 우리의 인간관계, 경력, 사역 등을 집어삼킬 만한 재앙을 가져올 수 있는 말 한마디의 힘을 보여 준다. 제프 로빈슨의 솔직한 경험담은 독자들로 하여금 자신의 현실을 돌아볼 수 있는 안전한 분위기를 가져온다. 그는 성경을 통해 죄악된 말의 다양한 변이를 보여 준다. 또한 복음으로 가득 찬 접근방식을 통해 자칫 율법주의로 흐를 수 있는 위험성을 차단한다. 말을 바르게 하는 것은 하나님의 은혜로 가능하다는 사실을 발견하게 함으로써 독자들에게 소망을 품게 하고 용기를 북돋아 준다. 이 책을 개인이나 소그룹 활동에 사용할 뿐 아니라 교회 전체 필독서로 지정할 것을 적극 추천한다.

코리 드 리온 Kori De Leon | *Age of Crowns*왕관의 시대 저자

험담, 그 일상의 언어

험담,
그 일상의 언어

우리의 혀를 어떻게 변화시키는가?

Taming
the Tongue

제프 로빈슨 지음

구름이 머무는 동안

• 이 책의 본문은 '을유1945' 서체를 사용했습니다.

복음은
우리의 말을 어떻게 변화시키는가?

차례

지난 25년 동안 매일같이

내 입에서 나오는 최소 이만 단어의 말을

인내심을 갖고 들으며 오래 참아 준

사랑스러운 아내 리사에게.

내가 정말로 말을 많이 하는지 물어보았을 때

솔직하면서도 은혜롭게 대답해 주어서 고마워요.

주님께서 그날의 대화

그리고 당신과 나눈 수많은 대화를 통해

나를 아름답게 변화시켜 주셨습니다.

나에게는 손녀가 둘이 있다. 나는 옹알이하던 두 손녀가 제법 사람처럼 말하는 모습을 보일 때까지 함께하는 복을 누렸다. 어린아이가 자라가며 언어를 습득해 가는 과정은 놀랍고 신비로우며 거룩하기까지 하다. 하지만 아이들은 이 과정이 얼마나 중요한지 모른다. 말하는 능력이야말로 자신들을 다른 피조물들과 구분 짓는다는 사실도 모른다. 어떻게 단어가 모여 개념이 되고, 또 그것들이 모여 삶을 형성하는 세계관이 되는지 모른다. 어떻게 말이 인생에서 만나는 모든 관계를 형성하게 되는지 모른다. 말이 누군가를 가르치는 데 사용되기도 하지만, 부끄럽게 하는데도 사용된다는 것을 모른다.

사랑을 드러내기도 하지만 증오를 나타내기도 하고, 섬기는 데도 쓰이지만 요구하는 데도 쓰인다. 격려하는 데도 쓰이지만 위협하는 데도 쓰이고, 동기를 부여하는 데도 쓰이지만 지배하는 데도 쓰이고, 겸손을 드러내기도 하지만 교만을 드러내기도 한다는 것을 모른다. 하나님이 이 아이들에게 말하는 능력을 그냥 주셨다. 그래서 자신들이 받은 이 말의 능력을 잘 모른다. 그들의 말이 하나님의 은혜에 의해 계속 새로워져야 한다는 것을 모른다. 그들은 말로 자신이 원하거나 필요한 것을 전달할 수 있기를 원할 뿐, 이 말이 고유한 인격을 가지며 그 자체로 신성하다는 것은 이해하지 못한다.

그런데 사랑하는 손녀들이 모르는 것이 하나 더 있다. "마음에 가득한 것을 입으로 말함이니라(눅 6:45b)." 이 말씀은 인간의 모든 활동의 동기가 무엇인가 하는 문제에 대해 매우 영적이면서도 실제적인 답을 하고 있다. 성경을 빠르게 읽다 보면 이 말씀의 중요성을 깊이 생각하지 못하고 넘길 때가 많다. 그런데 예수님이 활동의 동기, 즉 사람이 무언가를 선택하고 행동하게 되는 이유에 대해 설명하는 중에 이 말씀이 나온다. 예수님은 인간이 어떤 행동을 할 때, 그 근원에 마음이 자리하고 있음을 지적하셨다. 그리고 인간의 마음이 행동에 미치는 영향을 보여 주는 가장 확실한 예로 말을 이야기하신 것이다.

말이 고유한 인격을 가지고 있고 그 자체로 신성하다는 의미는 단순히 하나님이 우리에게 말하는 능력을 주셨고, 말을 사용함으로써 하나님과 비슷한 존재가 된다는 것만이 아니다. 보다 중요한 것은 말하는 능력이 마음과 불가분의 관계에 있다는 것이다. 마음은 우리가 어떤 존재인지, 우리가 어떤 행동을 하는 이유가 무엇인지를 명확히 드러낸다. 마음은 아주 사소하고 하찮은 것부터 인생을 좌우할 만한 크고 극적인 결정에 이르기까지 인간의 모든 행동, 반응, 상호작용을 다스린다.

말 속에는 말하는 이의 마음이 드러난다. 대화에서는 각 사람의 마음과 그 마음이 어떻게 움직이는지가 드러난다. 그래서 말과 대화는 중요하다. 내 손녀들은 아직 말의 무게를 이해할 나이가 아니다. 그 아이들은 말에는 항상 말하는 이의 마음이 드러나 있다는 것을 이해하지 못한다. 말을 바르게 사용한다는 것이 단순히 바른 어휘를 사용한다는 것을 넘어 올바른 마음을 가진다는 뜻임을 전혀 이해하지 못한다. 그 아이들은 이제 예전보다 훨씬 더 많은 단어를 사용하게 되었다. 그러나 창조주께서 그들에게 주신 선물(말)에 삶을 형성하는 능력이 있다는 것은 여전히 이해하지 못한다.

앞서 인용한 예수님의 말씀은 이런 의미다. 말한다는 것은 마음 속에서 먼저 행한 것을 밖으로 내놓는 것이다. 하나님은 우리의 마음이 하는 모든 활동을 거룩하게 여기신다. 그러므로 우리의 말은 거룩하다.

마음은 생각한다. 말은 그 생각을 하나님과 다른 이들에게 드러내는 방법이다. 마음은 욕망한다. 말은 그 욕망을 명확하게 드러내는 방법이다. 마음은 사랑한다. 그 사랑은 의도적이든 그렇지 않든 매일 하나님과 우리 주변 사람들에게 드러난다. 마음은 경배한다. 말은 우리 마음을 지배하는 것이 무엇인지 드러낸다.

말이 중요한 이유는 마음이 중요하기 때문이다. 그래서 이 책의 출간에 고마움을 표한다. 지난 20년 간 말에 대해 고민하며 최선의 말을 하려 했고, 하나님이 주시는 기회마다 은혜롭게 말하려고 노력했다. 나는 여전히 항상 하나님의 뜻대로 말하기 위해 애쓰고 있다. 이 책은 겸손과 지혜, 경고와 은혜로 가득 차 있다. 이 책이 필요 없었으면 좋겠지만, 사실 나와 여러분에게는 이 책이 꼭 필요할 것이다. 제프 로빈슨의 책에는 인간의 말에 대한 깊은 이해가 들어있다. 새로운 시야를 열어 줄 뿐 아니라 과거를 되짚어 보게도 한다. 현 시대에도 충분히 적용될 수 있는 옛 사람의 지혜를 잘 보여 준다.

내가 하는 말에 지혜와 사랑, 소망과 은혜를 담을 때도 있겠지만 항상 그렇지는 않을 것이다. 그래서 나는 여전히 이 책이 필요하다. 자신의 뜻을 적절한 어휘로 표현하는 일, 즉 말하기는 이 세상에 살아가는 누구에게나 필요하다. 그래서 나는 이 책을 여러분에게 추천한다. 이 책에 담긴 지혜를 가지고 여러분의 말에 하나님 사랑과 이웃 사랑을 담아 보라. 그리하여 여러분이 하는 말을 듣는 이들에게 은혜를 끼치기를 바란다.

폴 데이비드 트립

말에 관한 책을 쓰게 된 이유

교회 부목사님 중에 한 분이 담임목사인 나에게
토요일에 만나자는 연락을 했다. 다음날이 주일이
었지만 설교가 없었기 때문에 그분이 나를 왜 만
나자고 했는지 깊게 생각하지 않았다. 그러나 그
날 부목사님께 들은 이야기는 내가 성인이 된 후
들은 가장 충격적인 내용이었다.

그날, 부목사님은 매우 심각한 표정으로 찾아왔다.
직감적으로 '듣기 좋은 말은 아니겠구나.' 싶었다.
내 예감은 들어맞았다.

부목사님은 나에 대한 문제점이 빼곡히 적힌 종이
를 꺼내 놓았다.

"우리 교회에서 사역하신 몇 달 동안 목사님을 자세하게 관찰했습니다. 또 많은 성도가 목사님에 대한 문제점을 가지고 저를 찾아왔었어요. 목사님은 잘 모르시겠지만 제가 직접 본 문제점입니다."

처음엔 약간 격양된 것 같았던 부목사님의 목소리는 점점 부드러워졌다. 내게 불만을 토해 내려는 것이 아니라 깊은 우려가 담긴 목소리였다.

그렇지만 내 마음은 요동쳤다. 지난 몇 달간 이 교회에서 사역했던 시간을 되돌려 혹시나 있었을 부도덕하거나 현명하지 못했던 순간을 찾으려고 노력했다. '내가 무슨 은밀한 죄를 짓고 있다고 생각하셨나? 나도 모르는 소문이 교인들 사이에 돌고 있나?'

부목사님은 말을 이어갔다.

"제가 주 안에서 목사님을 존경하고 사랑하고 있다는 것을 알아주셨으면 합니다. 목사님은 사역자로서 뛰어난 분이시지만 딱 한 가지 단점이 있습니다. 그 점을 해결하지 못한다면 사역을 오래 하시기는 힘들 것 같습니다."

입은 바짝바짝 마르고 약간씩 손도 떨리기 시작했지만 침착하게 말했다. "좋아요. 듣겠습니다. 그게 뭔지 말씀해 주세요."

분명 듣기 좋은 소리는 아닐 것이다. 나 자신을 변호하기 위해 방어태세를 갖추었다.

"나이를 조금 더 먹은 목사로서 젊은 목사님께 사랑으로 드리는 말이라는 것만은 꼭 알아주세요."

하고 부목사님은 말씀하셨다.

"네. 잘 알겠습니다. 그게 뭔지 말씀해 주세요."

나는 빨리 대화를 끝내고 싶은 마음뿐이었다.

이윽고 부목사님은 입을 여셨다.

"목사님은 말씀이 너무 많으십니다. 너무너무 많아요. 항상 목사님 자신에 대한 말씀뿐입니다. 목사님이 아는 것, 생각하는 것, 아는 사람, 좋아하는 것, 해 왔던 일, 앞으로 하고 싶은 일까지 말입니다. 하지만 다른 사람의 말은 잘 듣지 않고 다른 사람에게 말할 기회도 주지 않지요. 목사님이 입을 열면 너무 많은 말이 쏟아져 나올 것이기에 성도들은 이미 시작도 하기 전에 겁을 먹지요. 목사님 혼자서만 말할 것을 뻔히 알기 때문에 목사님과 이야기하는 것을 꺼립니다. 더군다나 목사님은 외향적이고 말을 하면서 생각을 정리하는 성향인 것을 알기 때문에 더욱 문제라고 생각하는 것입니다. 누군가 이런 말을 해 준 적은 없나요?"

부목사님의 말에 나는 뒤통수를 한 대 맞은 것 같

은, 아니 말벌에 쏘인 것 같은 충격을 받았다.

"아, 네. 다른 사람에게 이런 말을 들어 본 적은 없는 것 같습니다."

나는 겸연쩍게 대답했다.

"친구들 사이에서 수다스럽다고 놀림 받은 것은 있지만 이렇게 큰 문제라는 말은 들어 본 적이 없습니다. 혼자서 좀 생각해 보겠습니다."

부목사님은 사랑을 전제로, 이런 말을 한 것은 앞으로 사람들과의 관계나 사역에서 어려움을 덜어 주기 위한 것임을 재차 확인시키고는 돌아갔다. 나는 침묵하며 지금까지 들은 말을 곰곰이 되뇌었다. 내 마음은 다시 방어태세에 돌입했다.

대학 미식축구 시즌이었는데도 평소처럼 스포츠 중계방송을 찾아 주파수를 돌리지도 않고 라디오를 켤 생각조차 못한 채 조용히 집으로 돌아왔다.

'이게 사실일까? 부목사님이 괜한 말씀을 한 것은 아니겠지? 나는 외향적이고 그 목사님과 다른 교인들이 내성적인거지.'

집에 들어서자 창백해진 내 얼굴을 보고 아내가 물었다.

"괜찮아요? 무슨 일 있어요? 금방 돌아왔네요."

나는 아이들 방과 가장 멀리 떨어진 테라스에 앉

아서 부목사님과 나눴던 대화를 되짚어 보았다. 그리고 용기 내어 나를 가장 잘 아는 아내에게 물었다.

"부목사님이 한 지적이 다 맞는 말이야? 주저하지 말고 말해 줬으면 좋겠어. 내가 잘못했다면 빙빙 돌려서 말하지 않았으면 좋겠어."

나를 진심으로 사랑하는 아내는 진실을 말해 주었다. 잠시 동안 생각을 정리한 아내는 천천히 조심스럽게 말했다. 그 와중에 '아마 나였다면 아내처럼 행동하지 않았겠지? 보나마나 그동안 하고 싶었던 말을 마음껏 퍼부었을 거야.' 하는 생각이 들었다.

"부목사님이 하신 말씀의 상당 부분 맞는 말 같아요. 교인들이 그렇게 말하는 것을 제가 직접 듣지는 못했지만 왜 그렇게 느꼈는지는 알 것 같아요. 부목사님 말씀을 진지하게 생각할 필요는 있다고 생각해요. 어쩌면 말이 많다는 것보다 말하는 내용이 더 문제일지도 모르겠어요. 때때로 그것 때문에 문제가 생기기도 하잖아요."

그리고 그 후 많은 시간을 기도하고 말씀을 묵상하고 나서야 부목사님과 사랑하는 아내의 조언에 동의할 수 있었다. 홀로 자성하는 시간을 통해 죄,

자기중심적이었던 태도, 분노, 오만함, 교만 등 예수 그리스도의 말씀으로 성화되지 못한 모습이 내 말 속에 겹겹이 쌓여 있음을 발견하게 되었다.

내 말에는 문제가 있었고, 하나님은 나를 사랑하셔서 이 문제를 드러내어 알게 하셨다.

말의 홍수

성경은 말로 가득하다. 먼저 이 세상은 처음부터 창조주의 말로 시작되었다. "빛이 있으라."

이 말씀으로 빛이 존재하게 되었다. 처음 6일 동안 하나님은 말씀하셨고, 모든 피조물이 생겨났다. 여기에서 우리는 말, 특히 하나님의 말씀에는 어마어마한 힘이 있다는 교훈을 얻는다. 인간의 말 역시 생명과 죽음을 좌우하는 엄청난 힘을 갖고 있다. 물론 이것은 "원하는 것을 말하고 요구하라!"고 가르치는 거짓된 복음에서 이야기하는 말의 힘과는 다르다.

인류 역사에는 수많은 말들이 등장한다. 최초의 인간 아담과 하와가 에덴동산에서 말했다. 뱀도 말했다. 하나님이 말씀하셨다. 주의 대적들도 말했다("십자가에 못 박으라."). 성경 밖의 역사도 생각해 보자. 아우구스티누스가 밀라노 정원에서 들었던 아이들의 목소리("펴서 읽으라."), 루터("내가 여기서 있나이다.") 링컨("여든하고도 일곱 해 전에"), 마틴 루터 킹("나에게는 꿈이 있습니다."), 레이건("고르바초프 씨, 이 벽을 허물어 주십시오.")의 말을 떠올려 보자. 격려하는 말, 영감을 주는 말 그리고 변혁을 일으키는 말도 있다.

우리는 소통하는 존재다. TV에서 아나운서들은 야구 선수들의 타율, 스타들의 헤어스타일 등 사소한 것부터 그날의 사건과 이슈를 분석하며 쉴 새 없이 떠들어 댄다. 매달 노아의 방주를 가라앉힐 만큼 많은 책이 출판된다. 그리고 우리도 말한다. 배우자, 자녀, 동료 심지어 자기 자신과 끊임없이 대화한다. 컴퓨터와 스마트폰을 사용하여 트위터, 페이스북, 인스타그램에서 말한다. 문자와 이메일을 보낸다. 이 모든 것에 말이 담겨 있다.

대화는 끝이 없다. 인간은 평균적으로 하루에 일만에서 이만 단어를 사용한다. 이 사실을 솔로몬이 한 말에 비추어 생각해 보자. "말이 많으면 허물을 면하기 어려우나 그 입술을 제어하는 자는 지혜가 있느니라(잠 10:19)." 보통 사람이 매일 일

만에서 이만 단어를 사용한다면, 우리는 일만에서 이만 번의 죄를 지을 기회를 갖게 된다. 물론 사람마다 기질이 다르기 때문에 차이는 있을 것이다. 하지만 우리는 모두 말을 하면서 살아가기에 성경에 나오는 말에 대한 말씀과 직면하게 되어 있다.

말에 문제가 생겼다

창세기 3장 이후 우리의 말에는 문제가 생겼다. 그렇다면 우리는 어떻게 말해야 할까? 짜증내고 화내도 괜찮을까? 솔직하게 다 말해도 괜찮을까? 욕설을 사용해도 될까? 말은 엄청난 힘을 가지고 있고, 성경 안에는 적절할 말뿐 아니라 부적절한 말도 잔뜩 들어 있다. 말은 인생을 바꿔 놓는다("나와 결혼해 줄래?"). 말은 전쟁을 시작하게 한다("오늘은 치욕의 날로 기억될 것입니다."). 말은 세상을 바꾼다("그가 여기 계시지 않고 살아나셨느니라.").

우리가 믿는 하나님은 말씀하시는 하나님이다. 하나님은 하나님에 대해 그리고 하나님과 우리의 관계에 대해 알려 주시려고 우리에게 성경을 주셨다. 그래서 말에 대해 성경이 어떻게 말하는지에 대해 살펴봐야 한다. 또 우리의 성화를 위해, 우리의 교회를 위해, 하나님의 영광을 위해 말을 어떻게 사용해야 하는가에 대한 성경의 실제적인 가르침을 살펴볼 필요가 있다.

성경이야말로 이 대화를 시작하기에 가장 적절한 토대가 된다.

세 가지 목적

이 책에는 세 가지 주요한 목적이 있다. 첫째, 말이 하나님 앞에서 살아가는 삶에서 가장 중요한 부분 중에 하나요, 또 예수 그리스도를 닮아 가는 성화를 보여 주는 가장 좋은 지표 중에 하나라는 확신을 독자들에게 주고자 한다.

둘째, 인간의 타락이 어떻게 말을 잠재적 핵탄두로 변질시켰는지 그래서 얼마나 신중하게 말을 다루어야 하는지 보여 주고자 한다.

셋째, 복음이 어떻게 날 선 검을 쳐서 쟁기로 만들듯이 말을 변화시켜 하나님의 은혜를 전달하는 도구로 만드는지 보여 주고자 한다.

1 장

하나님의 말씀
그리고 우리의 말

하나님이 이르시되 빛이 있으라 하시니 빛이
있었고(창 1:3).

넌 너무 말이 많아, 넌 날 죽도록 걱정하게 해.
넌 너무 말이 많아, 심지어 내 애완동물도 널 걱정해.
넌 그냥 너무 말이 많아.

_R&B 가수 조 존스(Joe Jones)의 1960년 히트곡 "You Talk Too Much"

　　태초에 말이 있었다. 창세기 1장 3절에 인류 역
사상 최초의 말이 나온다. "빛이 있으라." 하나님
이 말씀하셨고, 빛이 있었다. 그리고 하나님은 엿

새 동안 계속해서 말씀으로 혼돈하고 공허한 세상을 채우셨다. 천지를 창조하실 때 쓰인 하나님의 말씀은 창조주이자 주권자로서의 권능을 담고 있었다.

여섯째 날, 하나님은 흙으로 사람을 만드시고 그 코에 생기를 불어넣으시고 갈비뼈를 취하여 여자를 만드셨다. 하나님은 자신의 형상대로 사람을 만드셨고, 인간에게 말을 통해 대화할 수 있는 능력을 주셨다. 성경에 기록된 인간 최초의 말은 아담이 돕는 배필을 처음 만났을 때 한 말이었다.

이는 내 뼈 중의 뼈요 살 중의 살이라 이것을
남자에게서 취하였은즉 여자라 부르리라(창 2:23).

창세기 앞부분을 읽을 때 하나님이 친히 이 땅에 내려오셔서 사람에게 말씀하셨다는 사실을 놓치고 지나가기 쉽다. 하나님은 사람에게 명령을 내리고 어떻게 사는 것이 가장 좋은 길인지 알려 주셨다. 사람이 그들의 언어로 영원하시고 전능하신 하나님을 알고 이해할 수 있게 하셨다. 놀랍지 않은가? 하나님은 영화나 음악에서 자주 묘사되는 것처럼 자기 백성에게서 멀리 떨어져 계신 분이 아니다.

하나님은 가까이 다가오셔서 말씀으로 자신을 드러내시고 우리에게 다른 모든 것을 알려 주신다. 하나님이 누구신지 말씀으로 알려 주신다. 우리와 우리가 사는 세상이 왜 이렇게 잘못되었는지 알려 주신다. 우리가 어디서 왔으며 어디로 가는지도 알려 주신다. 우리가 하나님을 어떻게 알며 또 어떻게 하면 하나님과 올바른 관계를 맺으며 살아갈 수 있는지도 알려 주신다. 하나님은 우리에게 자신을 알리기 위해 눈높이를 맞추신다. 존 칼빈이 이야기하듯이 하나님은 스스로를 낮추셔서 연약한 우리가 이해할 수 있도록 대화를 통해 자신을 알려 주신다.

...유모가 어린 아이에게 흔히 하는 것처럼 하나님도 우리 수준에 맞추어서 말씀해 주신다. 이는 하나님이 우리의 연약한 역량에 맞추어 자신에 관한 지식을 전달하는 방식이다. 물론 이런 방식으로는 하나님이 어떤 분이신지 명확히 설명하기 어렵다. 그럼에도 하나님은 우리에게 맞추시기 위해 높은 곳에서 친히 맨 밑바닥으로 내려오셨다.[1]

하나님은 아담과 하와를 위해서 그리고 우리를 위해서도 이렇게 하셨다. 하나님은 새로운 일을 시작하실 때마다 말씀으로 그 일을 드러내셨다. 하나님의 말씀에는 많은 의미가 담겨 있다. 하나님이 성경에서 자기 자신을 드러내실 때 한 단어에 얼마나 많은 의미를 담으셨는지 생각해 보자. 하나님의 주권, 거룩함, 선하심, 전지하심, 편재하심, 전능하심 등 이 많은 단어가 하나님의 성품과 속성을 알게 한다. 하나님은 반석이며, 태양, 요새, 방패, 어두운 곳을 비치는 빛, 목자, 보호자, 선지자, 제사장, 왕, 아버지, 재판관, 문, 어린양, 주인, 생수, 떡 그리고 더 많은 것이 되신다.

그리고 당신도 끊임없이 말한다. 주로 타인과 나누겠지만 때때로 자기 자신에게 말을 걸기도 한다. 이메일을 보내고, 페이스북이나 인스타그램에 게시물을 올린다. 말로 생각하고, 노래하고, 쓰고, 읽는다. 말이야말로 소통하시는 하나님의 형상대로 지음 받은 피조물의 정체성이라고 할 수 있겠다. 존 프레임(John Frame)은 "하나님은 본질적으로 대화하는 분이시다. ⋯ 그 외에도 여러 가지 다른 속성들을 가지고 계시지만, 그분이 말씀하시는 하나님이라는 사실은 분명하다."[2]라고 말했다.

하나님의 말씀이 없다면 하나님에 관해서는 물론 우리 자신에 대해서도 정확하게 알 길이 없다. 《기독교 강요》서론에서 칼빈은 "우리가 갖고 있는 거의 모든 지혜, 곧 참되며 건전한 지혜는 두 부분으로 되어 있다. 그 하나는 하나님에 관한 지식이요, 다른 하나는 우리 자신에 관한 지식이다."[3] 라고 말했다. 우리가 하나님을 알 수 있는 것은 그 분이 우리에게 말씀하셨기 때문이다. 교회의 신앙고백은 하나님의 말씀에 대해 이렇게 선포한다.

자연의 빛과 창조의 섭리가 지금까지 하나님의 선하심과 지혜와 능력을 나타내었다. 그러나 성경은 모든 구원의 지식과 믿음과 순종에 대한 유일하고 충분하며 확실하고 오류가 없는 말씀이다. … 성경에는, 즉 기록된 하나님의 말씀에는 구약과 신약의 모든 책이 포함되어 있다.[4]

말을 하거나 글을 읽을 때 혹은 다른 이의 이야기를 들을 때, 말이 갖는 본질적인 의미를 곰곰이 생각해 보는 사람은 거의 없다. 그냥 하고 싶은 이야기를 할 뿐이다. 아담과 하와의 대화 능력은 그들을 특별한 존재로 만들었다. 동물은 말하지 못

1장
하나님의 말씀 그리고 우리의 말

37

한다(적어도 사탄이 사로잡은 뱀이나 거룩한 영감을 받은 나귀가 아니라면 말이다.). 나무도, 강물도 말하지 못한다. 하지만 하나님은 말씀하셨고 하나님의 형상대로 지음 받은 사람도 말할 수 있다. 하나님은 이 능력을 우리에게 주심으로 우리가 걸어야 할 길을 정하셨다. 대화는 피조된 존재의 근원적인 부분이다. 하나님은 당신의 지혜를 따라 인간을 이렇게 설계하셨다. 폴 트립(Paul Tripp)은 이렇게 말한다.

우리가 가진 능력 중에 가장 많이 사용되는 것은 아마도 대화를 주고받는 능력일 것이다. 커피를 마시며 조용히 대화할 때, 붐비는 공항에서 불안한 마음으로 대화할 때, 늦은 귀가 시간에 대한 혹은 제때 일을 마치지 못한 상황을 변명할 때 우리는 말을 사용한다. 자녀를 훈육하거나 언쟁에 끼어들 때, 길고 긴 의회의 회의 혹은 친구와 논쟁할 때 사람들은 말을 사용한다. 조용한 밤에도, 운동하려고 결심할 때, 로맨틱한 감정을 전달할 때, 잘못된 것을 바로잡을 때, 질책하거나 분노할 때, 짜증낼 때도 사람들은 말을 사용한다. 인도의 기차 플랫폼 위에서 쏟아지는 무질서한 소리 속에도, 소웨토(남아프리카공화국 하우텡 주에 있는 도시)에서 하교하는 아이들의 재잘대는 소리 속에도 말이 사용되고 있다. 말을 통해 우리는 존재하며, 사람들과 관계를 맺는다. 우리가 본 것이나 우리가 경험한 것들은 말을 통과할 때 비로소 형태가 잡히고 설명이 된다. 우리는 대화를 통해 비로소 다른 사람을 제대로 이해하게 된다. 때때로 너무 많은 말을 들으면 혼자 있고 싶어지고 누군가 말을 걸지 않으면 외롭다고 느낀다.[5]

하나님은 우리와 대화하실 때 우리가 이해할 수 있도록 가장 간결한 단어를 선택하신다. 우리에게 꼭 필요한 것들을 사랑을 담아 알려 주신다. 우리는 재판관이 어떤 존재인지 안다. 하나님은 자신이 재판관이라고 말씀하신다. 우리는 목자가 어떤 존재인지 안다. 하나님은 자신이 목자라고 말씀하신다. 하나님은 어떤 일을 행하기 전에 그가 무엇을 할 것인지 말씀해 주신다. 이전에 어떤 일을 했고, 지금 무엇을 하고 있는지도 말씀해 주신다. 그런 다음 하나님은 우리를 위해 이 모든 것들에 대해 하나하나 설명해 주신다. 실제로 구약 성경의 많은 부분과 서신서의 많은 부분이 바로 하나님이 자기 백성을 위해서 행하신 일을 설명하는 것이다. 성경은 하나님을 대화에 관한 최고의

표준으로 제시한다.[6]

□

잘못이 시작된 곳

태초에 말은 선했다. 말로 소통할 수 있는 능력은 하나님이 주신 가장 좋은 선물이었다. 비방도, 속임수도, 욕설도 없었다. 하지만 타락 이후 하나님이 주신 다른 많은 은사처럼 말도 오용되기 시작했다. 이 모든 문제는 창세기 3장에서 시작되었다. 폴 트립이 명명한 것처럼 '말의 전쟁'이 시작되었다.[7] 이제 서로를 모욕하고, 거짓말하고, 하나님을 저주하고, 비방과 험담 등 서로를 파괴하기 위해 말을 사용했다.

2차 세계대전 당시 나치 장군 헤르만 괴링(Herman Goering)이 히틀러에게 남긴 "유대인 문제를 해결하기 위해 최종 방안을 마련했습니다."라는 메모를 생각해 보자. 그 메모로 인해 6백만 명에 달하는 유대인들이 학살당했고, 나치가 인간 사회에 부적합하다고 선언한 유대인 1백만 명 이상이 죽어 나갔다. 이 짧은 메모가 끼친 비극적인 영향은 어마어마했다. 죄악된 말은 세계대전, 내

험담,
그 일상의 언어

전, 교회의 분열, 가족 간의 다툼과 살인으로 이어졌다.

사탄은 악한 목적으로 말을 사용하기 시작했다. 창세기 2장에서 이미 하나님은 선악을 알게 하는 나무의 실과를 먹지 말라고 경고하셨다. 이 시점에서는 아직 모든 것이 깨끗했다. 그런데 창세기 2장은 "아담과 그의 아내 두 사람이 벌거벗었으나 부끄러워하지 아니하니라(창 2:25)."는 다소 묘한 구절로 끝난다. 하나님은 왜 그들이 벌거벗었음에도 부끄러워하지 않았다는 것을 언급하셨을까? 곧 부끄러움이 인간관계에 침투해 올 것을 아셨기 때문이다.

이 구절은 왠지 모를 묘한 불안감을 안기며 다음 장의 무대를 설정한다. 창세기 3장의 막이 오르고 뱀이 동산으로 기어들어 온다. 뱀은 하와에게 하나님이 먹지 말라고 한 나무의 금지 명령에 대해 이야기한다. "하나님이 참으로 너희에게 동산 모든 나무의 열매를 먹지 말라 하시더냐(창 3:1)." 이 질문으로 뱀과 하와 사이에 악한 말이 사슬처럼 이어져 결국엔 금단의 열매를 따 먹게 된다.

하나님은 아담과 하와, 뱀 그리고 창조 질서 전체를 향해 "너희는 저주를 받으리라."고 말씀하셨다. 매일 수천 개의 핵폭탄이 터진다 해도 이 말씀이 갖는 엄청난 파급력에는 비할 수 없을 것이다. 이것이 우리의 말에 문제가 생긴 이유다. 이로 인해 예수님이 이 땅에 오시게 되었다. 저 대화에 나타난 몇몇 말들로 인해 인간은 유죄 판결을 받았다. 죄와 죽음이라는 불청객이 등장했다.

노아의 홍수 사건 이후 죄를 지은 사람들은 창세기 11장에서 말을 사용하여 현실을 재구성하려고 시도한다. "그들은 말로 선포함으로써 하나님을 끌어내리고 진정한 실존이신 하나님을 완전히 비신화화 할 수 있다고 믿었다. 이런 우상숭배적인 해석이 시작되면 이후에 다른 모든 것을 새롭게 상상해 내는 것은 시간 문제다."[8] 하나님은 자아 우상숭배에 대한 심판으로 그들이 서로 말을 알아듣지 못하게 하셨다. 탑을 쌓던 일을 멈추게 하셨고 온 땅으로 흩으셨다. 세속적인 오만으로 가득 찬 인간의 사악함이 극에 달하자 사람들이 하나님의 말씀을 흉내 내는 데까지 이르렀다. 창세기 11장에서 그들은 태연히 하나님의 창조적인 말과 언어 능력을 찬탈하여 "우리가 … 하자."라고 반복해서 말했다.

하나님이 "보시기에 좋았더라."고 말씀하셨던

험담,
그 일상의 언어

세상에서 생명을 창조했던 말이 이제는 죽음을 가져왔다. 인간의 마음은 이제 무익한 말을 생산하는 공장이 되어 버렸다. 마태복음에서 예수님은 "독사의 자식들아 너희는 악하니 어떻게 선한 말을 할 수 있느냐 이는 마음에 가득한 것을 입으로 말함이라(마 12:34)."고 말씀하셨다. 죄와 사망의 노예가 된 우리 마음은 그 입에서 나오는 말을 통해 사악한 본색을 드러낸다.

□

모든 것을 바로잡는 곳

바벨에서 일어난 말의 오용 사건은 하나님의 진노를 불러일으켰다. 그러나 성경 이야기는 거기서 끝나지 않는다. 사도행전 2장에서 성령님은 서로의 말을 알아듣게 하셨다. 그래서 그 자리에 있던 각 나라 사람들은 자신의 모국어로 복음을 듣게 되었다. 창세기 3장 15절에 예언된 메시아는 약속대로 갈보리에서 뱀의 머리를 짓밟고 승리하셨으며 십자가에서 죽으시고 사흘 만에 다시 부활하셨다. 예수님은 골고다 언덕에서 자기 백성의 모든 죄에 대한 하나님의 진노를 짊어지시고 "다 이루었다(요 19:30)."고 말씀하셨다. 사흘 후에 천사는 무덤을 찾아온 여인들에게 역사를 뒤바꾼 다섯 어절을 선포한다. "그가 살아나셨고 여기 계시지 아니하니라(막 16:6b)."

예수님은 부활하셔서 40일을 머무시다가 승천하셨다. 얼마 지나지 않아 약속하신 보혜사 성령께서 오셔서 하나님의 백성 안에 내주하셨다. 바벨의 저주가 뒤집힌 것이다. 이제 그리스도의 죽음과 부활로 인해 하나님의 백성 안에는 성령님이 내주하신다. 하나님의 백성은 이제 성령님의 능력을 의지하여 허무는 것이 아니라 세우는 데, 죽음이 아니라 생명을 주는 데 말을 사용할 수 있게 되었다. 요한복음은 하나님의 말씀이 모든 것을 변화시켰다고 말한다.

태초에 말씀이 계시니라 이 말씀이 하나님과 함께 계셨으니 이 말씀은 곧 하나님이시니라 그가 태초에 하나님과 함께 계셨고 만물이 그로 말미암아 지은 바 되었으니 지은 것이 하나도 그가 없이는 된 것이 없느니라 그 안에 생명이 있었으니 이 생명은 사람들의 빛이라 빛이 어둠에 비치되 어둠이 깨닫지 못하더라(요 1:1-5).

하나님의 말씀은 우리의 말에 어떤 영향을 미치는 가? 용서할 줄 모르는 종의 비유를 다루는 마태복음 18장 21-35절을 보자. 이 본문은 우리가 받은 은혜가 무엇인지, 은혜를 받은 사람이 다른 사람을 어떻게 대해야 하는지 가장 잘 일깨워 주는 구절이라 할 수 있다. 제자들이 예수님께 나아와 잘못한 사람을 일곱 번까지 용서하면 되느냐고 질문했다. 이때 제자들은 스스로를 꽤나 자비롭다고 생각했을 것이다. 하지만 예수님은 "일곱 번을 일흔 번까지" 용서하라고 하셨다. 성경에서 숫자 7은 완전수다. 그러므로 예수님의 말씀은 끝없이 용서하라는 의미였다.

그리고 나서 예수님은 위대한 설교자답게 비유를 통하여 진리를 설명해 주셨다. 일만 달란트 빚진 자와 백 데나리온 빚진 자의 비유였다. 한 종은 임금에게 일만 달란트를 빚졌고, 또 다른 종은 임금에게 일만 달란트 빚진 자에게 백 데나리온을 빚졌다. 하루는 임금이 일만 달란트 빚진 자에게 그 빚을 갚으라고 명하지만 가난한 종은 시간을 달라고 애원했다. 그러자 임금은 그 종을 불쌍히 여겨 그 큰 빚을 모두 탕감해 주었다. 이 이야기는 믿음을 가지고 예수님께 나아온 우리를 위해 예수 그리스도께서 하신 일을 보여 준다. 우리의 능력으로는 절대 갚을 수 없는 무한한 빚을 대신 갚아 주신 것이다.

하지만 이야기는 여기서 끝나지 않는다.

사실상 갚을 수 없는 빚을 탕감 받은 종은 집으로 돌아가는 길에 자기에게 백 데나리온 빚진 동료를 만난다. 그리고는 당장 빚을 갚으라고 요구하고, 시간을 더 달라고 애원하는 동료의 목까지 조르며 "빚진 것을 갚아."라고 윽박지른다. 그리고는 빚을 다 갚을 때까지 옥에 가두어 버린다. 이 일을 알게 된 임금은 그 종을 잡아다가 탕감 받은 빚을 모두 갚을 때까지 옥에 가두라고 명령한다.

너희가 각각 마음으로부터 형제를 용서하지
아니하면 나의 하늘 아버지께서도 너희에게 이와
같이 하시리라(마 18:35).

우리는 35절 말씀을 통해 다른 사람을 어떻게 대해야 하는지 배울 수 있다. 하나님께 구원받은 우리는 무한한 빚을 용서받은 종과 같다. 우리는 다른 사람을 대할 때나 그들에게 말할 때 그들을 함부로 대해서는 안 된다. 예수님은 우리가 다른

험담,
그 일상의 언어

사람을 대하는 방식과 말하는 방식을 통해 그들에게 은혜를 베풀라고 요청하신다. 만일 우리가 여전히 다른 사람에게 함부로 말하고 있다면, 그 의미는 분명하다. 우리가 죄의 대가를 치른 것이 아니라 예수님이 자신의 피로 우리의 죗값을 지불하셨다는 사실을 잊고 있다는 것이다. 예수님의 희생을 기억한다면 우리는 다른 사람에게 친절하고 겸손하며 은혜롭게 말할 수 있어야 한다. 우리 안에 내주하시는 성령님은 우리가 다른 사람들에게 은혜롭게 말할 수 있도록 힘을 주신다.

□

걱정은 이제 그만

우리는 구원받았다. 그런데도 여전히 말을 잘못 사용하고 있다. 아직도 말을 바르게 사용하는 법을 배워야 한다. 우리는 예수님의 초림과 재림 사이 시대(소위 '이미와 아직')에 살고 있다. 그래서 우리의 말은 아직 보수 중이다. 우리는 화내는 말로 죄를 짓는다. 거짓말로 죄를 짓는다. 위협하는 말로 죄를 짓는다. 자랑하는 말로 죄를 짓는다. 헐뜯는 말로 죄를 짓는다. 험담으로 죄를 짓는다. 대화하면서, 이메일로, 소셜 미디어에서 죄를 짓는다. 성령님으로 가득 차고, 날마다 그리스도의 형상대로 변화되는 중에도 여전히 말을 바르게 사용하려면 몸부림을 쳐야 한다. 그러나 복음은 참되기 때문에 점차 우리의 말이 그리스도를 닮아 가는 것을 볼 수 있을 것이다.

더 이상 말 때문에 골치 아픈 일이 없어질 날이 올 것이다. 예수 그리스도께서 그분의 나라를 완성하시는 날, 그날엔 사망이 죽고, 죄는 지옥에 던져질 것이다. 하나님의 백성은 말을 바르게 사용하는 시민들과 함께 하나님 나라에서 살게 될 것이다. 우리는 이 나라를 기쁨으로 기다린다.

또 내가 새 하늘과 새 땅을 보니 처음 하늘과 처음 땅이 없어졌고 바다도 다시 있지 않더라 또 내가 보매 거룩한 성 새 예루살렘이 하나님께로부터 하늘에서 내려오니 그 준비한 것이 신부가 남편을 위하여 단장한 것 같더라 내가 들으니 보좌에서 큰 음성이 나서 이르되 보라 하나님의 장막이 사람들과 함께 있으매 하나님이 그들과 함께 계시리니 그들은 하나님의 백성이 되고 하나님은 친히 그들과 함께 계셔서 모든 눈물을 그 눈에서 닦아 주시니 다시는

사망이 없고 애통하는 것이나 곡하는 것이나
아픈 것이 다시 있지 아니하리니 처음 것들이 다
지나갔음이러라(계 21:1-4).

그런데 그전에 먼저 왜 그렇게 말이 위험한지,
왜 그렇게 말을 조심스럽게 다루어야 하는지 명확
하게 알아야 한다.

Taming the Tongue

2장

우리 말에는
문제가 있다

누구든지 스스로 경건하다 생각하며 자기 혀를 재갈
물리지 아니하고 자기 마음을 속이면 이 사람의
경건은 헛것이라(약 1:26).

어떤 사람이 혀에 재갈을 물리지 않고 하나님과
거룩한 것에 대해 가볍게 말하면서 자기 자신은
높이고 다른 이들에 대해서는 함부로 말한다면,
거짓말, 고자질, 악담, 아첨, 말장난만 한다면, 그가
아무리 다른 좋은 자질을 가진 사람이라도 그의 말
속에서 그의 본성은 드러날 것이다. 그는 자기 자신을
속이고 있으며 그의 경건은 헛될 뿐이다.

_존 뉴튼[9]

한 문장, 하나의 게시글, 심지어 한 단어만으로도 자신의 삶을 망가뜨릴 수 있다. 그 말이 잘못된 청중(한 사람이든 여러 사람이든 상관없다) 앞에 잘못된 시간에 잘못된 방식으로 사용될 때 그렇다.

우리의 말에는 문제가 있다.

존 로커(John Rocker)의 경우를 보자.

존 로커는 애틀란타 브레이브스(Atlanta Braves: 미국 메이저리그에서 내셔널리그 동부지구에 속한 구단으로 조지아주 애틀랜타를 연고지로 한다_옮긴이)의 철벽 마무리 투수로 혜성같이 등장하여 이목을 끌었다. 어느 날 로커는 〈스포츠 일러스트레이티드〉(*Sports Illustrated*)의 기자 제프 펄먼(Jeff Pearlman)과 인터뷰를 진행했는데, 그 인터뷰 기사에는 욕설과 혐오 발언이 가득했다. 투수들은 종종 팔에 문제가 생겨서 선수생활을 마치곤 한다. 그런데 로커는 저런 발언들 때문에 선수생활을 끝내게 된 케이스이다. 그의 입은 점점 더 거칠어졌고 급기야 MLB 사무국으로부터 출장정지 징계를 받는 일도 생겼다. 그는 클럽하우스에서 문제아였고, 경기력도 점차 떨어져서 저 인터뷰 이후 3년도 안 되어 메이저리그에서 자취를 감추었다.

입을 함부로 놀리면 화를 부르고, 경력도 망칠

수 있다.

미국 전직 대통령 리처드 닉슨(Richard Nixon)의 경우를 보자.

편집증을 앓던 닉슨은 집무실에서 이루어지는 모든 대화를 몰래 녹음했다. 워터게이트 사건을 수사 중이던 수사관들이 이 테이프를 발견했는데, 그 녹취록 때문에 그는 대통력직에서 물러나게 되었다. 녹음된 그의 말 한마디로 그가 워터게이트 사건에 공모한 혐의가 입증되었기 때문이다.

혀는 반드시 길들여져야 한다.

저스틴 사코(Justine Sacco)의 경우도 보자.

2013년 저스틴 사코는 무책임하고 적절하지 않은 게시글 한 줄로 자신의 삶을 몇 달 동안 망가뜨렸다. 미디어 회사 IAC의 기업 커뮤니케이션 담당 임원이었던 사코는 아프리카로 떠나는 비행기를 타기 직전에 170명의 팔로워가 있는 자신의 트위터에 게시물 하나를 남겼다. 그 짧은 게시글에는 타인종에 대한 혐오가 가득했다. "아프리카로 갑니다. 에이즈는 걸리지 않았으면 좋겠어요. 농담이에요. 전 백인이거든요." 사코가 남아프리카 공화국 케이프타운으로 가는 11시간 동안 이 게시글은 계속 퍼져 나갔고, 급기야 사코의 트위터는 전 세계 트랜드 1위를 차지하기에 이르렀다.

수백 명의 사람들이 사코의 해고를 요구했고, 많은 사람들이 그녀를 인종차별주의자, 혐오조장자로 불렀다. 사코의 고용주는 소셜 미디어를 통해 "사코는 비행 중으로 연락이 닿지 않는 상황입니다."라고 분명히 밝혔다. 사코의 휴대폰은 꺼져 있었고, 트위터의 거대한 지각판이 자신의 계정 아래에서 요동치고 있다는 사실을 그녀는 전혀 알지 못했다.

사코가 탑승한 비행기가 아프리카 대륙을 가로지르는 동안 트위터에서는 비행기가 착륙했을 때 벌어질 일에 대한 다양한 이야기들이 오갔다. 심지어 한 트위터 사용자는 공항을 빠져나오는 사코의 사진을 찍기 위해 직접 공항으로 나가기까지 했다. 그 이후에 일어난 일은 이렇다. IAC는 사코를 해고했다. 소셜 미디어에서는 비난이 쏟아졌고, 사코는 수치심에 몇 달 동안 일자리를 구할 수 없었다. 신경쇠약에 걸릴 지경이 되었다.[10]

단 하나의 게시물. 단 아홉 마디의 말. 몇 달 간의 수치와 비참함.

말에는 생명이 있다.

위에서 살펴본 세 가지 사례는 잠언 13장 3절

험담,
그 일상의 언어

을 실제로 보여 주는 듯하다. "입을 지키는 자는 자기의 생명을 보전하나 입술을 크게 벌리는 자에게는 멸망이 오느니라."

혀는 반드시 길들어져야 한다.

아리우스와 아타나시우스의 경우를 보자.

325년 니케아 공의회에서 성부와 성자의 관계에 대한 논쟁은 단어도 아닌 단어 중간에 들어가는 그리스어 이중모음에 따라 이단과 정통을 갈라 놓았다. 논쟁의 한쪽 진영은 알렉산드리아 출신의 초대교회의 영웅 아타나시우스(269-373)였고, 상대는 리비아의 사제였던 아리우스(250-?)였다. 논쟁의 핵심은 성자 예수님이 성부 하나님과 동일한 본질을 가진 호모우시오스(*homoousios*)인지 아니면 유사한 본질을 가진 호모이우시오스(*homoiousios*)인지의 여부였다.

만약 예수님이 호모우시오스라면 성부와 동일한 본질을 가지신 분이라는 뜻이므로 한 분 하나님 안에 세 위격을 지니고 있다고 말할 수 있다. 그런데 만일 예수님이 호모이우시오스라면 성부 하나님과 유사한 본질을 가지고 있지만 별개의 존재라는 뜻이 되기에 예수님은 또 다른 신이거나 신성한 인간이 된다. 아타나시우스와 그의 진영은 예수님이 성부와 동일한 본질을 지녔다고 주장했다. 반면 아리우스와 그의 추종자들은 성경적으로 해석했을 때 예수님은 성부와 유사한 본질을 가졌다고 주장했다. 아리우스는 예수님이 "존재하지 않았던 시기가 있었다."[11]고 가르쳤다. 다시 말해 예수님은 가장 처음에 태어난 가장 고귀한 피조물이라는 의미가 된다. 오늘날 여호와의 증인(Jehovah's Witnesses)이 예수님을 이렇게 믿고 있다.

말은 생명을 주기도 하지만 죽음, 심지어 영원한 죽음을 가져오기도 한다. 잘못된 말이 주는 영향력을 보기 위해 말에 대해 명확하게 가르치는 하나님의 말씀 세 군데를 살펴보겠다. 잠언, 마태복음 12장, 야고보서 3장에 나오는 몇 구절을 살펴보면 두 가지가 분명해질 것이다. 우리는 입을 열 때마다 죄를 짓고 있으며, 우리 입에서 나오는 악의적인 말은 암보다 더 악독하다는 것이다.

□

잠언: 말에 대한 논문

잠언은 어리석은 자와 지혜로운 자의 삶을 대조한다. 타락한 세상에서 어떻게 사는 것이 최고의 삶인지 보여 준다. 그리고 이 두 가지 길 중에서 우리가 걷는 길이 무엇인지 깨닫게 하는데 있어서 말은 아주 중요한 역할을 한다. 폴 트립은 잠언을 근본적으로 말에 대한 논문이라고 주장하기도 한다.[12] 폴 트립은 잠언의 가르침에 대해 "말은 생명을 주기도 하고 죽음을 몰고 오기도 한다. 선택은 당신의 몫이다."라고 요약했다.[13] 우리 입을 통해 나오는 모든 말이 중요하다. 이것은 곧 살면서 우리가 한 말이 중립을 지켰던 적은 없다는 의미다.

우리의 말은 생명으로 움직이거나 아니면 죽음의 방향으로 움직인다. 만약 우리의 말이 생명으로 나아가고 있다면 그것은 격려, 희망, 사랑, 평안, 화목, 교훈, 지혜, 교정의 말일 것이다. 하지만 죽음으로 나아가고 있다면 분노, 악의, 비방, 질투, 험담, 분열, 경멸, 인종 차별, 폭력, 비난, 정죄의 말을 낳는다.[14] 우리는 평소에 말할 때 큰 주의를 기울이지 않아서 곤란해질 때가 있다. 이런 문제에 대해 잠언은 적절한 가르침을 준다.

잠언 1-8장은 지혜의 위대함을 확립하는 것으로 시작하는데 길거리에서 소리 높여 젊은이에게 자신의 길, 즉 선한 삶의 길로 가라고 종용하는 선한 여인으로 지혜를 의인화한다. 그리고 말의 위험성에 대한 말씀이 잠언 5장 3절에 처음 등장한다. "대저 음녀의 입술은 꿀을 떨어뜨리며 그의 입은 기름보다 미끄러우나." 음녀는 간음하게 하려고 남자를 유혹하는 모습으로 묘사되고 그 미끼는 그녀의 입술에서 흘러나온다. 솔로몬은 남자가 그 유혹하는 말에 넘어가면 망하게 되고 "부끄러움을 씻을 수 없게(잠 6:33b)" 될 것이라고 말한다. 간음은 삶을 파멸로 이끈다. 이 과정은 보통 유혹적인 말에서 시작된다.

잠언은 말에 대한 통찰력 백과사전이라고 할 수 있다. 잠언 6장에는 하나님이 싫어하시는 일곱 가지, 즉 교만한 눈, 거짓된 혀, 무죄한 자의 피 흘리는 손, 악한 계교를 꾀하는 마음, 빨리 악으로 달려가는 발, 거짓을 말하는 망령된 증인, 형제 사이를 이간하는 자의 목록이 나와 있다(잠 6:16-19). 이 일곱 가지 중 네 가지는 의사소통과 관련이 있다. "교만한 눈"은 다른 사람들을 위협하고 비하하려는 의도를 가진 오만하고 비언어적인 태도다.[15] "거짓된 혀"와 "망령된 증인"은 속이는 말과 형제들 사이에 불화를 심는 말을 의미한다. 이것들은 험담, 비방 등 죄악된 말을 사용하여 교회에 분란을 일으킨다. 하나님은 모든 죄악된 말을 싫어하시지만 자신의 아들이 대신하여 죽은 교회에 혼란을 가져오는 말들을 특히 미워하신다.

잠언은 여러 장에 걸쳐 말에 대한 지혜를 들려준다. 특히 잠언 10장에서 솔로몬은 "말이 많으면 허물을 면하기 어려우나 그 입술을 제어하는 자는 지혜가 있느니라(잠 10:19)."고 말한다. 솔직하게 말해서 어떤 사람은 말이 너무 많다. 몇 년 전에 내게 사랑으로 말씀해 주셨던 부목사님의 말에 따르면 나도 그런 사람 중 하나다. 외향적인 사람들이나 말로 먹고 사는 사람들에게(나는 둘 다 해당됨) 하루 이만 단어(또는 그 이상)를 사용하는 것은 이만 번의 죄를 지을 기회를 의미한다. 게리 브래디(Gary Brady)의 지적처럼 이것은 냉엄한 현실이다.

죄인인 우리는 말을 하면 할수록 죄를 지을 가능성도 높아진다. 농담으로 던진 말 한마디가 잘 먹히면 이내 다른 말을 또 던져 본다. 그러나 그 말은 웃기지도 않고 누군가에겐 상처가 되기도 한다. 때때로 늦은 밤에 이야기를 하다가 악의를 가지고 험담을 시작한다. 어떤 사람의 행동에 대해 짚고 넘어가자는 의미로 시작하지만 정도가 지나쳐서 사실이 아닌 것까지 말하게 된다. 그리고 사람들의 이목을 끌기 위해 무슨 말이든 하지만 별다른 호응을 얻지 못하면 더 극단적으로 나아가 어떤 말이건 뱉어 내고 만다. … 게다가 나에 대해 말하면 말할수록 자기 자랑으로 이어질 가능성이 높아진다. 길고 지루한 설교를 하는 목사는 선하고 영적인 길로 회중을 인도하다가 결국엔 삼천포로 빠져 버린다. 장황한 기도 역시 같은 결과를 낳을 수 있다.[16]

멀리 갈 것도 없이 라디오나 케이블 TV만 봐도 전문가들이 일주일 내내 매시간 지겹도록 말을 쏟아 내지만 지혜는커녕 내용도 없는 말들이 주를 이룬다. 종종 그들이 말하는 내용과 방식에서 노골적으로 죄가 드러난다.

죄악된 말의 문제는 전문가들에게만 국한된 것이 아니라 우리 모두에게 해당된다. 야고보 사도는 성경을 가르치는 자들에게 말을 조심해서 할 것을 경고한다. 야고보서 3장은 말에 대해 생각할 때 꼭 기억해야 할 말씀이다. 그 담화는 "내 형제들아 너희는 선생된 우리가 더 큰 심판을 받을 줄 알고 선생이 많이 되지 말라(약 3:1)."고 시작한다. 이 말씀을 잠언 10장 19절과 함께 보면 하나님의 일을 생업으로 하는 사람들은 하나님에 대해, 하나님을 대변해서 하는 말에 대해 두 배로 조심해야 한다는 뜻이 드러난다. 잠언 10장은 더 나아가 지혜로운 사람과 어리석은 사람, 두 종류의 화자를 비교한다.

의인의 혀는 순은과 같거니와 악인의 마음은 가치가 적으니라 의인의 입술은 여러 사람을 교육하나 미련한 자는 지식이 없어 죽느니라(잠 10:20-21).

의인의 입은 지혜를 내어도 패역한 혀는 베임을 당할 것이니라 의인의 입술은 기쁘게 할 것을 알거늘 악인의 입은 패역을 말하느니라(잠 10:31-32).

솔로몬은 잠언 18장 21절에서 이 책에서 주장하는 핵심을 짚어 준다.

죽고 사는 것이 혀의 힘에 달렸나니 혀를 쓰기 좋아하는 자는 혀의 열매를 먹으리라.

미국에서는 경찰이 어떤 사람을 체포할 때 "당신은 묵비권을 행사할 수 있고, 당신이 하는 말은 당신에게 불리한 증거가 될 수 있습니다."라는 미란다 원칙을 포함하여 피의자의 권리를 알려 준다. 범죄를 저지른 혐의로 기소된 사람이 내뱉는 말은 적어도 재판에서 일어날 일을 생각해 보면 생사의 갈림길이 될 수도 있다. 어리석은 말 한마디에 인생이 더 고달파질 수 있다. 일상생활에서도 마찬가지다. 말은 사람을 죽일 수도 살릴 수도 있는 잠재력이 있다. 우리는 부모나 배우자, 친구의 가스라이팅으로 인해 삶이 망가진 사람들을 만나 본 적이 있을 것이다(어쩌면 그것이 나 자신일 수도 있다.).

대학 시절, 수년 간 아버지에게 멍청하다는 소리를 들었던 친구가 있었다. 그는 아버지의 말을 곧이곧대로 자기 정체성으로 받아들였다. 그의 아버지는 항상 그 친구를 못마땅해하며 비난을 서슴없이 내뱉었고, 그 친구는 대학에 들어오기 전까지 술과 마약에 절어 살았다. 어떤 의미에서 아버지의 말이 친구를 죽였다고 할 수 있다. 우리가 하는 말은 다른 사람에게 영향을 미치고, 때로는 사람들을 파괴할 만한 잠재력을 갖고 있다.

4장에서 살펴보겠지만 말은 생명을 줄 수도 있다. 한 그리스도인 친구가 당신이 소중하게 여기는 것, 곧 노래하는 목소리, 가르치는 은사 혹은 골프 스윙 아니면 자녀의 문해력 등에 대해 칭찬했을 때 얼마나 큰 힘이 되었는지 생각해 보라. 당신의 자녀가 피아노 콩쿠르에서 상을 받았다거나 도내 축구팀에 뽑히게 되었다고 말할 때 얼마나 자랑스럽게 미소 지었는지 기억해 보라.

목회자들에게 월요일은 특별한 날이다. 보통 월요일을 "블루 먼데이(Blue Monday, 우울한 월요일)"라고 부르는데, 이는 우리가 고단한 주일을 보내고 회복 모드로 전환하는 날이요, 15시간에 걸쳐 준비한 주일 설교가 캔자스 주의 평원처럼 푹 꺼져 버린 것을 지켜보는 날이기 때문이다. 또한 월요일은 교인들이 목사에게 예배시간에 부른 찬양, 설교 길이, 청소년부 활동에 대한 불만을 메일로 보내는 날이기도 하다.

두어 해 전, 유별나게 더 우울했던 월요일이 기억난다. 그 전날 주일에 교인들의 예배 출석률이 유난히 낮았지만 아무도 따로 말해 주지 않아서 근심하고 있었다. 거기에 설상가상으로 헌금도 많이 줄었다. 초창기 멤버였던 한 가족은 목회 비전이 마음에 들지 않는다는 이유로 교회를 떠나겠다고 통보하며 "이 교회는 성경을 너무 많이 읽어요."라고 말했다. 그날 메일 수신함에는 더 나쁜 소식이 있을 거라고 생각하며 클릭했는데, 첫 번째 메일은 등록한지 얼마되지 않는 새신자의 것이었다. 그 내용은 겸손하면서도 다정했다. 교회는 신실하고, 목사님의 명료한 목회 비전과 친근하게 대해 주는 것에 대해 감사하다고 했다. 성경을 가장 가치 있는 것으로 두고 모든 일의 중심으로 삼는 것이 정말 좋다고 했다.

이 메일을 읽는 순간 나의 월요병이 사라졌다. 두 단락으로 이루어진 짧은 메일은 새롭게 시작되는 나의 한 주에 생명을 불어넣었다. 나는 다음 주일이라는 산꼭대기를 바라보며 웃을 수 있게 되었다. 그는 솔로몬이 잠언 25장 11절에서 묘사한 "경우에 합당한 말은 아로새긴 은 쟁반에 금 사과니라."는 말씀을 기억하게 해 주었다.

말은 죽이기도 하고 생명을 주기도 한다. 이것이 솔로몬이 전하고자 한 말이다. 이 말씀에 대한 신약성경의 답변은 혀는 지속적으로 길들여야 한다는 것이다.

□

야고보서 3장: 작은 지체 엄청난 파급력

험담,
그 일상의 언어

타이타닉호는 거대한 배였다. 갑판은 9개였고, 선체에서 가장 높은 굴뚝까지의 높이는 약 53미터, 무게는 46,000톤이 넘었다. 이에 반해 조타 장치 중 하나인 방향키의 길이는 4.5미터밖에 되지 않아 상대적으로 너무 작아 보였다. 타이타닉호가 첫 항해를 시작한지 4일 만에 침몰했다는 사실은 기억할 필요가 없다. 이 재난은 방향키의 길이와 아무런 관련이 없다. 우리가 관심가질 내용은 이 것이다. 이 거대한 배가 비교적 작은 도구로 운행되었다는 사실이다. 이것은 마치 개미 한 마리가 코끼리를 목줄에 묶어 아프리카 평원을 가로지르는 것 같은 일이었다.

내가 살고 있는 켄터키주는 경마로 유명하다. 돌아다니다 보면 아름다운 서러브레드종 말을 심심찮게 볼 수 있다. 최소한 말 동상은 볼 것이다. 루이빌시에 위치한 처칠다운스 경마장을 방문하면 이 거대한 동물이 지나갈 때마다 그 힘을 느끼게 될 것이다. 말들이 결승선을 향해 전력 질주할 때면 지축이 울리고 흔들리기까지 한다. 하지만 고삐 끝에 장착된 재갈은 폭이 몇 센티가 되지 않는다. 기수는 고삐 끝에 연결된 이 작은 재갈 덕분에 빠른 속도로 달리는 중에도 어느 방향으로든 말을 조종할 수 있다.

야고보서 3장에서는 인간의 혀를 배의 키와 말의 재갈에 비유한다. 야고보서의 핵심은 이 세상에서 작은 것들이 예상 외로 큰 영향을 미치는 경우가 많다는 것이다. 혀에 있어서 이 말씀은 천 번이고 만 번이고 사실이 될 수밖에 없다. 야고보는 하나님의 일을 가르치는 사람들에게 경고하면서 (나는 이것이 3장 1절이 주는 가르침이라고 생각한다.) 우리 모두가 많은 부분에서 걸려 넘어진다는 점을 인정한다. 만약 우리가 혀로 죄 짓는 것을 멈출 수만 있다면, 죄악된 말을 내뱉지 않을 수만 있다면, 우리는 더 이상 죄를 짓지 않고 완전해질 것이다. 이것은 말을 선하게 사용하는 것이 얼마나 어렵고 중요한지 보여 준다. 야고보 사도는 창세기 3장 이후의 세상을 사는 우리가 말로 죄를 짓지 않는 것이 불가능하다고 말한다.

큰 배를 움직이는 것은 작은 방향키다. 기수는 커다란 말을 조그마한 재갈로 조종한다. 마찬가지로 사람을 조종하는 것도 우리의 작은 혀다. 그렇다면 이 혀는 우리를 어디로 움직이게 하는가? 하나님을 향하게 하는가? 아니면 하나님으로부터 멀어지게 하는가? 우리가 사용하는 모든 말은 격려하든지 비난하든지 이 둘 중에 어느 하나에 속한다.

우리는 성경을 가르치기도 하지만 논쟁에서 이기기 위해 상대방의 속을 뒤집어 놓기도 한다. 자녀에게 방을 정리하라는 이 말을 부드럽게 할 수도 있지만, 누굴 닮아서 저러는지 모르겠다고 비난조로 말할 수도 있다. 이렇게 하나님의 뜻이 아닌 내 뜻을 표명하기 위해 말을 사용하면 재앙과 마주하게 된다.[17] 내 몸무게는 86kg인데, 주치의는 내 혀의 무게가 약 0.07kg정도 된다고 했다(이 책을 위해 직접 물어보았다.). 이 작은 기관이 인간이라는 거대한 버스를 운행하는 핸들이다.

혀는 아마도 인간이 땅에서 휘두를 수 있는 가장 강력한 힘일 것이다. 야고보서에서 한 가지 적용점을 이끌어 낼 수 있는데, 그리스도인의 성숙은 혀를 얼마나 제어할 수 있는가와 연결되어 있다는 점이다.[18] 야고보는 말의 재갈이나 배의 방향키와 같이 "혀도 작은 지체로되 큰 것을 자랑(약 3:5)"한다고 말씀한다.

찰스 스펄전(Charles Spurgeon)은 누군가의 잘못된 말 한마디 때문에 정신적으로 충격을 받고 사역을 그만둘 뻔했다. 1856년 10월 19일, 서레이가

든 음악당(Surrey Garden Music Hall)에서 설교를 하고 있었다. 설교 도중 멀리 발코니에 있던(설교자에게는 소리가 들리지 않을 정도의 거리에 있는) 한 남자가 "불이야!"라고 외쳤다. 그 구역에 있던 사람들은 건물을 빠져나가기 위해 우르르 몰려나갔다. 그러던 중에 7명은 압사당했고, 21명이 중태에 빠졌다. 그곳에 화재는 없었다. 그러나 잘못된 때에 잘못된 장소에서 던진 한마디 말이 참사를 불러온 것이다. 스펄전은 이 일로 인해 신경쇠약에 걸렸고 평생을 불안과 우울증에 시달려야 했다.

이 모든 것이 말 한마디 때문에 생긴 일이었다.

야고보서 3장 5-6절에는 우리의 말이 초래할 수 있는 치명적인 문제가 매우 입체적으로 그려진다. 낙엽이나 덤불에 있던 작은 불씨가 모든 산을 집어삼킬 큰 불로 번져 나가는 모습이다. 2016년 11월, 테네시주의 많은 관광객이 찾는 도시인 동부 피전 포지(Pigeon Forge)와 개틀린버그(Gatlinburg)에 기록적인 산불이 났다. 이 산불로 인해 최소 14명이 사망했고, 150명이 부상을 입었으며, 2,500채 이상의 주택과 사업장이 전소되었다. 그리고 수천 평의 땅이 잿더미로 변했다.

이 산불은 십대 소년들의 캠프파이어에서 시

작된 것으로 추정되었다. 반경 1미터도 되지 않았던 불씨가 상상을 초월할 정도의 파괴적인 대형 화재로 이어진 것이다. 이와 비슷하게 2018년 말, 캘리포니아 북부에서 약 50만 에이커(6억 평)를 태운 산불은 한 목장 주인이 땅벌 집을 막으려고 땅에 금속 말뚝을 박으면서 시작되었다. 말뚝을 한 번 치는 순간 불꽃이 튀어 풀에 옮겨 붙었다. 목장 주인은 불길을 잡으려고 애썼지만, 결국 수백 채의 주택을 태우고 진화되기까지 수 주가 걸린 대형 화재로 번지고 말았다.

이와 같이 야고보는 "혀는 곧 불이요 불의의 세계라(약 3:6a)."고 말씀한다. 솔로몬이 잠언에서 한 말씀을 기억하는가? 말은 죽음을 가져온다. 관계를 태우고 생명을 파괴한다. 야고보 사도는 계속해서 말한다.

혀는 우리 지체 중에서 온 몸을 더럽히고 삶의
수레바퀴를 불사르나니 그 사르는 것이 지옥 불에서
나느니라(약 3:6b).

죄악된 말은 지옥에 그 근원을 두고 죄 짓는 삶 구석구석을 건드린다. 혀가 죄악된 모습으로 존재감을 드러낼 때마다 온몸에 퍼질 얼룩을 남긴다. 어쩌면 이 얼룩은 그 사람에게 남겨진 더러운 흔적으로 하나님만 보실 수 있겠지만 그 사람의 인격은 이미 오염된 상태다. 이로 인해 삶 전체가 바뀔 수도 있다. 존 로커, 리처드 닉슨, 저스틴 사코의 삶이 말 한마디 때문에 어떻게 바뀌었는지 생각해 보라.

야고보 사도는 왜 혀가 지옥 불에서 난다고 말했을까?(약 3:6) 사악한 말은 거짓의 아비인 사탄에게서 나오기 때문에 파괴적이다. 거짓말은 사탄의 모국어다("하나님이 참으로 너희에게 먹지 말라 하시더냐?"). 예수님이 광야에서 시험 받으실 때 마귀가 어떻게 성경을 왜곡하여 거짓말했는지 생각해야 한다. 사탄은 우리가 좋은 의도를 가지고 말할 때도 우리 혀를 이용하곤 한다. 예수님이 제자들에게 수난 예고를 하셨을 때 베드로는 "이 일이 결코 주께 미치지 아니하리이다(마 16:22)."라고 말했다. 이에 예수님은 "사탄아 내 뒤로 물러가라 너는 나를 넘어지게 하는 자로다(마 16:23)."라고 대답하셨다. 오순절 성령 강림 이전의 미숙한 베드로는 자신도 모르게 예수님의 십자가 길을 막으려 했다. 의심할 여지없이 베드로의 말은 사탄에게서 비롯된 것이다.

　야고보 사도는 모든 종류의 짐승은 사람이 길들여 왔고 길들일 수 있지만, 혀는 아무도 길들일 수 없다고 말한다(약 3:7-12). 그리고 그리스도를 따르는 이들이 갖고 있는 문제점인 한 입으로 두 말하는 모습을 지적한다. 우리는 주일 아침 교회에 가서 주님을 찬양한다. 그리고 집으로 돌아가는 길, 설교에 대해 비판하고 다른 교인을 비방하며 친구에 대해 험담을 쏟아 낸다. 우리가 이렇게 행동할 때 짠물과 단물을 동시에 뿜어내는 수도꼭지와 같게 된다. 물론 친구에게 "아로새긴 은 쟁반에 금 사과"와 같은 격려의 말을 할 수도 있지만, 친구가 사소한 일로 나를 불쾌하게 하는 일이 생긴다면 가차 없이 친구에 대한 비난을 늘어놓는다. 야고보 사도가 "내 형제들아 이것이 마땅하지 아니하니라(약 3:10b)."고 하는 것으로 보아 그리스도인들을 대상으로 이 편지를 쓴 것이 분명하다.

　그렇다면 혀는 어떻게 길들일 수 있을까? 4장에서 우리는 복음의 빛에 그 목적을 비춰 볼 것이다. 하지만 이에 대해 다루기 전에 먼저 성경에서 가장 무서운 말씀 중에 한 구절을 보자. 특히 이 말씀은 하루에 이만 단어 이상의 말을 쏟아 내는 사람들에게 꼭 필요하다. 마태복음에 나오는 예수님의 단호한 말씀(마 12:33-37)을 통해 무엇이 가장 큰 문제인지, 애초에 이 책이 왜 필요한지 알 수 있다.

□

마태복음 12장: 마음의 엑스레이

2018년 초, 친한 친구인 필 뉴턴(Phil Newton)은 정기적으로 하는 건강검진을 하기 위해 병원에 갔다. 검진 전에는 당연히 앞으로 20년은 문제없이 목회할 수 있을 정도로 건강에는 이상이 없을 것으로 예상했다.

하지만 우려되는 여러 징후로 인해 몇 가지 검사가 추가되었고 대장 내시경 검사까지 받아야 했다. 진단 결과는 매우 좋지 않았다. 필은 암 4기였고 이미 전이가 된 상태였다. 겉으로 봤을 땐 멀쩡해 보였지만 몸속에는 치명적인 질병이 숨어 있었다.

예수님은 우리의 혀도 이와 같다고 말씀하신다. 혀는 마음속에 있는 것을 찍어서 보여 주는 엑스레이와 같은 역할을 한다. 예수님은 바리새인들에게 좋은 마음이 좋은 영적 열매를, 병든 마음은 썩은 영적 열매를 맺는다고 말씀하셨다(마 12장). 그리고 부드럽고 온유하며 온화하신 예수님이 다음과 같이 말씀하셨다.

독사의 자식들아 너희는 악하니 어떻게 선한 말을 할 수 있느냐 이는 마음에 가득한 것을 입으로 말함이라 선한 사람은 그 쌓은 선에서 선한 것을 내고 악한 사람은 그 쌓은 악에서 악한 것을 내느니라 (마 12:34-35).

여기 마음을 비춰 보는 기구가 있다. 예수님은 우리 마음 상태가 우리가 사용하는 말에 의해 증명된다고 말씀하신다. "가득한"으로 번역된 헬라어 원어를 직역하면 '넘쳐흐르는'이라는 뜻을 갖는다. 물병에 물을 너무 많이 부으면 흘러넘치는 것처럼 우리 마음도 넘쳐서 말로 흘러나온다. 즉 말보다 더 근본적인 문제는 마음이다. 마음을 지배하고 있는 것이 삶을 지배한다. 마음을 지배하는 것이 우리의 말까지 지배하기에, 말은 눈으로 볼 수 없는 것까지 보게 한다. 사실 말에 관한 문제는 마음의 문제다. 하나님의 은혜로 마음이 바뀌지 않으면 말도, 말투도 변하지 않는다. 단순하게

"다음에는 좋게 말해야지."라고 결단하는 것만으로 변화는 일어나지 않는다.

어린 시절, 우리 집 뒷마당에는 사과나무 한 그루가 있었다. 매해 여름이 되면 빨갛게 윤기 나며 맛있는 사과가 열렸다. 그런데 어느 해에는 갈색의 물컹한 사과가 맺혔다. 그 다음해에는 썩어서 쭈글쭈글해진 사과만 몇 개 달렸을 뿐이었다. 무엇이 잘못된 것일까? 원인은 죽어 가고 있던 나무 뿌리에 있었다. 병든 나무뿌리로 인해 병든 열매가 달렸다. 마트에 가서 빨갛고 맛있는 사과를 수십 개 사서 나무에 매달아 둔다고 해결될 문제가 아니었다. 그것도 건강한 열매라고는 볼 수 없으니 말이다. 문제는 썩은 뿌리였고, 그로 인해 썩은 열매를 맺은 것이었다.

이와 같이 우리 마음이 건강하지 않으면 말도 건강할 수 없다. 마태복음 12장에서 예수님이 말씀하신 것처럼 우리 입에서 나오는 말이 우리의 마음 상태가 선한지 악한지 보여 준다. 우리의 대화에서 건강한 열매를 맺고자 한다면 우리 마음을 건강하게 해 달라고 하나님께 기도해야 한다.

험담,
그 일상의 언어

다가올 심판

마태복음 12장에 나타난 예수님의 엄중한 말씀은 온갖 종류의 질문을 하게 한다. 내가 화났을 때 내 입에서는 무슨 말이 나올까? 아이들이 차 안에서 싸우고 있거나 주일 아침 9시가 다 되도록 아내는 아직도 머리를 손질하고 있고 나는 차 안에서 계속 기다리는 상황에 무슨 말을 해야 할까? 부목사님 한 분이 어떤 잘못을 들추며 만나고자 한다면 어떻게 해야 할까? 강단에 올라가기 직전 오늘 설교는 언제 끝나는지 묻는 집사님을 어떻게 대해야 할까? 직장 상사가 와서 심혈을 기울인 내 작업물이 조잡하다며 지적할 때 어떻게 말해야 할까? 내 안에 즉시 작동하는 방어기재를 그대로 두어야 할까?

여기서 또 한 가지 말에 대해 진단할 수 있는 질문이 있다. 나는 주로 무엇에 대해 이야기하는가? 배우자? 아이들? 스포츠 선수? 나 자신? 예수님은 내가 말하는 것을 통해 마음속에 무엇이 들어 있는지 명확한 그림을 보여 준다고 말씀하신다. 그리고 예수님은 엄중하게 말씀하신다.

내가 너희에게 이르노니 사람이 무슨 무익한 말을
하든지 심판 날에 이에 대하여 심문을 받으리니
네 말로 의롭다 함을 받고 네 말로 정죄함을 받으리라
(마 12:36-37).

　　심판 날, 즉 '그 날'에 우리는 우리가 한 모든 죄
악된 말에 대해 심문받게 될 것이다. 하루 평균 이
만 마디의 말을 했고 만약 솔로몬의 말대로 "말이
많으면 허물을 면하기 어렵"다면 하나님의 심판
대에서 판단받아야 할 죄의 양은 어마어마할 것이
다. 내가 80세까지 산다면 6억 마디의 말을 할 테
고, 그만큼 죄지을 기회는 늘어난다는 것이다.
　　예수님은 우리가 우리의 말로 의롭다 함을 받
거나 정죄함을 받을 거라고 말씀하셨다. 나는 이
말씀을 심판 날에 내가 했던 말로 구원 여부를 판
단하겠다는 뜻으로 해석하지 않는다. 나는 우리의
행위나 말이 아닌 믿음으로 의롭다 함을 받는다는
것을 믿는다. 예수님이 하신 말씀은 경솔하게 내
뱉는 말은 영원히 남아 있기에 내가 평생 사용한
말을 보면 진정 하나님의 은혜로 마음의 변화가
일어났는지를 볼 수 있다는 의미다.
　　누군가에게 어떤 말을 한 후에 "아, 미안해요.

그런 뜻으로 말한 건 아니었어요."라고 말한 적이 있는가? 그런 말을 했을 때는 내가 한 말이 상대에게 좋게 들리지는 않았을 수도 있다고 생각해서 그렇게 덧붙였을 가능성이 크다. 실제로 실수로 잘못 말할 때가 있기도 하다. 하지만 "그렇게 말할 의도는 아니었어요."라고 덧붙일 때, 우리의 말이 가진 문제점이 고스란히 드러난다. 마음의 엑스레이 사진을 보여 주는 것이다.

예수님이 "무슨 무익한 말을 하든지"라고 말씀하신 것은 우리를 곱절로 두렵게 한다. 말로 죄를 짓는 때는 방심하고 있는 일상에서 갑자기 말을 내뱉을 때 일어나기 때문이다. 어느 주일 아침, 나는 설교를 마치고 교회를 나서고 있었다. 부목사님 한 분과 함께 차로 걸어가는 도중에 교회 사무실 간사와 마주쳤다. 나는 그녀에게 교회 안내 책자가 존 오웬의 작품만큼 두껍다며 농담을 건넸다. 나는 이 말이 얼마나 무례했는지 알지 못했다. 그때 함께 있었던 부목사님은 그날 늦은 오후 전화를 걸어 아침에 했던 말을 정중하게 지적했고, 나는 교회 사무실 간사에게 전화를 걸어 사과했다. 무심코 던진 말 한마디가 상대방의 마음을 상하게 했다. 평소에 하나님의 영광을 가리지 않는 말을 하려면 마음의 변화가 필요하다.

몇 해 전, 한 역사학자 친구가 다른 역사학자 친구와 저녁식사를 하면서 있었던 일을 내게 들려준 적이 있다. 그 친구는 농담 반 진담 반으로 다른 역사학자 친구에게 요즘 우리 관계가 소원해진 것은 자신의 왕성한 출판 활동을 질투해서 그런 것 아니냐고 말했다고 한다. 그 말에 상대는 분노했고 수년간의 우정이 깨지고 말았다고 한다. 그러다 최근에서야 겨우 관계를 회복했다고 한다. 어쩌면 기분이 상한 그 친구가 예민했을 수도 있지만 우리가 평소에 하는 말은 생각보다 중요한 의미를 담고 있다는 걸 알 수 있다.

그러나 일상적인 말만 문제되는 것이 아니다. 예수님은 모든 말이 중요하다고 말씀하신다. 쓴 말은 쓴 마음에서 나온다. 비난하는 말은 비난하는 마음에서 비롯되고 아첨하는 말은 속이는 마음에서 나온다. 모함하는 말은 예수님의 사랑이 거하지 않는 마음에서 비롯된다. 우리가 하는 말은 무엇이 마음을 지배하고 있는지 말해 준다. 마음을 지배하는 것이 무엇이든 그것이 우리의 말을 이룬다. 존 뉴턴(John Newton, 1725-1807)이 올니(Olney)에 모인 회중에게 경고했듯이 죄악된 말 한

험담,
그 일상의 언어

마디가 수천 번의 신앙고백을 헛되게 만든다.

경건해 보이거나 경건하게 보이기를 원하는 사람은 그렇게 보일 만한 점을 많이 갖고 있을 수 있다. 이것은 그 자체로 가치 있고 칭찬받을 만하지만, 그가 만일 혀에 재갈 물리지 않은 상태라면 그의 신앙고백은 헛될 수 있다. 성경에 대한 지식이 해박하고, 열정을 가지고 믿음을 지키기 위해 평소에 노력했을 수도 있다. 영적인 것에 대해 깊이 있게 이야기할 수도 있고, 형식에 매이지 않고 열정적으로 기도할 수도 있다. 진실한 그리스도인들이 인정할 만큼 자신의 신앙생활에 대해 자랑스러워 할 수도 있다. 정직한 장사꾼, 좋은 이웃, 친절한 주인, 다정한 남편, 부모가 될 수 있으며 준법정신이 투철한 사람일 수도 있다. 하지만 그가 이러한 좋은 점을 많이 갖고도 자기 혀를 길들이지 않는다면 자기 마음을 속이는 것이며 그의 경건은 헛될 뿐이다.[19]

은혜가 임하다

때때로 경건하지 않은 말은 하나님의 은혜 바깥에 있는 사람들의 변하지 않은 마음에서 나온다.

그러나 경건하지 않은 말이 신자들의 마음속에 여전히 남아 있는 죄로 인해 나오기도 한다. 이 모든 것이 나쁜 소식으로만 들리는가? 그러나 바로 이 문제 때문에 예수님이 이 땅에 오셨다. 갈보리에서 영원히 정복하신 죄를 우리도 일시적으로 정복할 수 있는 능력과 소망을 주기 위해 오셨다. 그러나 좋은 소식은 4장에서 듣는 것으로 하자. 그전에 불안하고 죄 많은 마음이 말을 통해 드러나는 여러 모습에 대해 하나하나 살펴보자.

누구든지 스스로 경건하다 생각하며
자기 혀를 재갈 물리지 아니하고
자기 마음을 속이면 이 사람의 경건은 헛것이라
(약 1:26).

3장

말이 어떻게
무기가 될까?

무릇 더러운 말은 너희 입 밖에도 내지 말고
오직 덕을 세우는 데 소용되는 대로 선한 말을 하여
듣는 자들에게 은혜를 끼치게 하라(엡 4:29).

추잡한 비밀과 불결한 거짓말, 우리는 여기저기
추잡하게 들쑤셔 대지. 남 잘 되는 꼴 못 보는 우리는
너의 흑역사를 들추는 게 좋아.

_이글스(Eagles) 출신 싱어송라이터 돈 헨리(Don Henley)가 1982년에 발매한
솔로 앨범 중 Dirty Laundry 가사 일부

"샌포드 앤 선(*Sanford and Son*)"은 1970년대 미

국에서 가장 인기 있는 시트콤 중 하나였다. 거친 입담을 가진 코미디언 레드 폭스(Red Foxx)와 오순절파 교회 목사인 데몬드 윌슨(Demond Wilson)이 출연하는데, 이들은 로스앤젤레스 와츠 지역에서 고물상을 운영하는 사장과 아들 역할을 맡았다. 시트콤의 배경이 되는 고물상과 가정집은 모두 사람이 살아가는 공간이라기보다는 오히려 초강력 허리케인이 지나가고 난 상황처럼 보였다.

폭스는 프레드 샌포드 역을 맡았는데 신경질적이고 괴팍한 노인네로 윌슨이 연기한 아들 라몬트와 함께 고물상을 운영했다. 샌포드와 라몬트가 연기한 캐릭터들은 매우 인상적이었다. 프레드의 친구들인 그레이디, 버바, 스킬렛은 종종 프레드 집에 들러 수다를 떨거나 TV를 보곤 했는데 (이들은 노상 권투 시합이나 호러물을 보는 것 같았다.) 항상 터무니없는 사건에 휘말렸다. 그리고 라몬트의 친구 롤로는 약간 음침해 보였는데, 아마도 프레드가 늘상 새장에 갇힌 새라고 부르기 때문일 것이다.

그런데 이 시트콤에서 가장 감초 같은 캐릭터는 프레드의 처형이자 라몬트의 이모인 에스더 앤더슨이었다. "에스더 이모"는 거의 모든 에피소드에 등장한다. 에스더는 독실한 그리스도인(침례교인)으로서 항상 커다란 검은색 킹제임스 성경을 가지고 다녔다. 그녀는 지금은 고인이 된 자신의 여동생이 프레드와 결혼하는 것을 반대했었다. 그로 인해 프레드와 에스더는 철천지원수나 다름없이 지냈다. 또한 에스더는 그리스도인이 사용해서는 안 되는 말이 무엇인지 보여 주는 지침서였다.

에스더가 샌포드의 집과 고물상의 현관문을 열고 들어오면 프레드는 마치 썩은 오물 냄새를 맡은 듯 얼굴을 찌푸렸다. 그리고는 즉시 처형을 향해 모욕적인 말을 퍼붓곤 했는데, 주로 동물에 빗대었다. 에스더는 이에 질세라 "늙고 추악한 이단아"인 프레드가 하나님의 영원한 심판을 받게될 거라고 되받아쳤다. 혀를 쉬지 못하는 침례교인인 에스더는 프레드 샌포드와 옥신각신하면서 모욕과 모욕을 주고받았고, 간혹 들고 있던 큰 성경책을(어쩔 땐 그보다 더 큰 가방을) 헤비급 챔피언 조지 포먼처럼 휘두르기도 했다. 그리고는 보통 성경 몇 구절을 프레드에게 퍼붓고 나서 사과 같지 않은 사과를 하는 것으로 마무리했다. "프레드 샌포드, 성경에 악인은 하나님 나라를 유업으로 받지 못한다고 써 있다고. 그러니까 너는 창조주와 화해하는 것이 좋을 거야. 이 늙어 빠진 생선 눈

깔 같은 머저리야." 에스더 이모는 참 대단한 전도자였다.

물론 샌포드와 라몬트의 이야기는 터무니없어 보이고 오늘날의 문화와는 거리가 있어 보인다. 그러나 나는 이 이야기가 오늘날 그리스도인들의 모습을 잘 보여 주고 있다고 생각한다. 그들이 평소 입으로 하는 말들과 그들이 구주께 드리는 다짐들 그리고 실제 그들의 마음 상태 사이에는 커다란 간극이 있다.

2장에서 살펴본 것처럼, 예수님은 우리 입에서 나오는 한마디 한마디가 매우 중요하다고 여기셨다. 솔로몬, 바울, 야고보도 그랬다. 죄악된 말이 얼마나 가증스러운지 야고보 사도는 "누구든지 스스로 경건하다 생각하며 자기 혀를 재갈 물리지 아니하고 자기 마음을 속이면 이 사람의 경건은 헛것이라(약 1:26)."고 말했다.

'그리스도인' 에스더와 '불신자' 프레드 샌포드 사이의 전형적인 대화는 우리가 혀로 죄를 짓는 다양한 방법을 절묘하게 압축하여 보여 준다. 또한 "너희는 모든 악독과 노함과 분냄과 떠드는 것과 비방하는 것을 모든 악의와 함께 버리(엡 4:31)"라는 말씀에는 말과 관련된 다양한 죄 목록이 드

험담,
그 일상의 언어

러난다(이 말씀은 나중에 다시 다룰 핵심구절인 엡 4:29 가까이에 있다.).

성경은 여러 범주의 죄악된 말에 대해 이야기하는데 이 "샌포드 앤 선"에서 오가는 웬만한 대화가 다 이러한 죄의 범주에 들어간다. 등장인물 중에 유일하게 한 사람만 그리스도인으로 나오는 것이 꺼려질 수 있지만 다른 면에서 우리에게 유익한 교훈을 남긴다.

잠언 18장 20-21절은 말의 두 가지 범주, 곧 죽음의 말과 생명의 말을 분별하는 데 도움을 준다.

사람은 입에서 나오는 열매로 말미암아 배부르게 되나니 곧 그의 입술에서 나는 것으로 말미암아 만족하게 되느니라 죽고 사는 것이 혀의 힘에 달렸나니 혀를 쓰기 좋아하는 자는 혀의 열매를 먹으리라.

실제 그리스도를 따르는 사람에게는 두 가지 유형의 말만 있을 뿐이다. 듣는 사람(그리고 마음이 강퍅한 화자)에게 죽음을 가져오는 죄악된 말과 에베소서 4장 29절에서 "선한 말"이라고 부르는 생명의 말이다.

무릇 더러운 말은 너희 입 밖에도 내지 말고
오직 덕을 세우는 데 소용되는 대로 선한 말을 하여
듣는 자들에게 은혜를 끼치게 하라

스코틀랜드 출신의 알렉산더 화이트(Alexander Whyte, 1836-1921) 목사는 자신이 쓴 《존 번연의 천로역정 해설서》에서 '수다쟁이'라는 인물을 소개하면서 혀로 짓는 죄가 성경에서 빈번하게 등장하기에 교회에서는 이 주제에 대해 더 많은 관심을 기울어야 한다고 강조했다.

우리는 모두 혀를 가지고 있고 많은 시간을 말하는
것에 할애하기 때문에 혀로 짓는 죄 목록만 듣고도
충분히 두려움에 떨 만하다.
혀로 짓는 죄는 우리가 생각하는 것보다
성경에서 훨씬 더 많은 부분을 차지한다.
하지만 누군가의 혀로 인해,
특히 나 자신의 혀로 인해 고통을 받을 때까지
이런 사실을 자각하지 못한다.
성경은 강단에 서 있는 그 어떤 목사도 감당하지
못할 만큼 혀로 짓는 죄에 대해 더 많이, 더 분명하게
말하고 있다.[20]

험담,
그 일상의 언어

성경은 우리가 하는 말에 대해 많이 언급하지만 내 경험상 설교에서는 많이 다루지 않는다. 나는 50년간 교회를 다녔지만 혀에 대한 설교를 딱 두 번 들었다. 두 번 다 야고보서가 설교 본문이었다. 소셜 미디어와 기타 인터넷 커뮤니티를 통해 우리는 역사상 그 어느 때보다 많은 말을 하고 있다. 그런데 우리는 말하기에만 급급할 뿐 어떻게 말하는지 살펴보기 위해 멈추어 설 여유는 없어 보인다. 우리는 스스로를 제어하려고 하지 않는다. 온라인에서 이루어지는 토론을 보면 알 수 있듯이 우리가 하는 말의 수준은 역사상 가장 질이 낮다고 할 수 있다. 우리의 말에는 변화가 필요하다.

우리는 복음으로 위로 받기 전에 먼저 율법으로 두려움을 느낄 필요가 있다. 이제부터 우리가 하는 죄악된 말을 아홉 가지 유형으로 나누어 살펴보겠다.

1. 험담과 모함
「비극을 가져오는 사촌」

험담

조셉 스토웰(Joseph Stowell)은 험담과 모함을 "비극을 가져오는 사촌"이라고 칭했다. 그리고 험담과 모함이 다른 어떤 영적인 질병보다 더 많이 관계를 파괴하고 교회 분열을 일으킨다고 말했다.[21] 그는 험담이 일상에서 잡담을 나누다가 경솔하게 나오는 말이라는 점에서 모함과는 다르다고 주장했는데,[22] 나도 이 말에 동의한다.

아담의 아들딸들이 얼마나 험담을 즐기는가! 험담이 주로 여성의 영역이라는 진부한 말이 있지만 나는 여기에 동의하지 않는다. 남자들도 험담에 일가견이 있다. 누군가가 "짐 기억하지? 짐에게 무슨 일이 있었는지 들었어?" 혹은 "아, 말하지 말라고 하긴 했는데 제니가 수지에 대해 뭐라고 했는지 알아?"라고 대화를 시작할 때 귀가 솔깃해지지 않는가? 이런 말들은 우리의 관심을 사로잡는다.

죄인들은 남의 치부를 좋아하기 때문에 험담은 우리에게 더욱 매력적이다. 특히 우리는 사회적, 경제적, 교육적 측면에서 우리보다 몇 단계 위나 아니면 아래에 있다고 여기는 유명인사들의 불행을 즐긴다. 우리는 그들에 대한 나쁜 소식을 퍼트리는 것을 즐거워한다.

돈 헨리(Don Henley)는 1982년 히트곡인 "Dirty

Laundry"에서 이러한 사실의 정곡을 찔렀다. 이 곡은 주요 뉴스 매체를 비판하고 기자들의 진상을 밝히려는 의도로 쓰인 것이지만, 헨리가 쓴 가사는 우리 모두에게도 해당된다.

추잡한 비밀과 불결한 거짓말,
우리는 여기저기 추잡하게 들쑤셔 대지.
남 잘 되는 꼴을 못 보고
너의 흑역사를 들추는 게 좋아

우리는 자신과 타인에 대해 이야기하는 것을 좋아하기 때문에 험담에 매력을 느낀다. 매튜 C. 미첼(Matthew C. Mitchell)의 지적처럼, 우리는 아이들이 태어나는 순간부터 이야기를 읽어 준다.[23] 험담은 엄마가 들려주는 옛날이야기처럼 어떤 사람에 대한 나쁜 소식을 그 사람의 등뒤에서 수군대는 것이다. 미첼은 세 가지 범주를 제시하여 이를 통해 험담을 더 깊이 들여다 볼 수 있도록 한다.[24]

나쁜 정보: 다른 사람에 대한 거짓된 정보나 소문을 공유하는 것을 말한다. 사실일 수도 있고, 거짓일 수도 있고, 그저 단순한 소문일 수도 있다. 다른

사람에 대한 소문은 내 입을 떠나 다른 사람의 귀에 들어가는 순간 더 이상 돌이킬 수 없기 때문에 치명적이다. 소문은 베개 속 깃털과 같아서 바람에 한 번 날리면 다시 되돌릴 수 없다. 소문은 걷잡을 수 없이 확산되어 다른 사람의 평판에 흠집을 내고 망가뜨린다. 소셜 미디어에서 소문의 사실 여부는 중요하지 않다. 중요한 것은 그 소문이 당신의 주장이나 관점을 뒷받침한다는 것이다.

누군가에 대한 나쁜 소식: 사실이기는 하지만 퍼지는 순간 그 사람을 수치스럽게 하거나 최악의 상황으로 몰고 갈 가능성이 있는 이야기를 전하는 것이다. 음란물 시청을 아내에게 들킨 친구가 있었다. 친구 부부는 이 문제를 가지고 교회 모임에서 함께 상의하고 있었는데, 어떤 사람이 그 모임에 없던 나를 비롯한 다른 이들에게 이 사실을 전했다. 내 친구를 좋아하지 않았던 이 사람은 여기저기 소문을 퍼뜨렸고 그 친구는 상처를 받았다. 다행히도 음란물을 봤던 친구는 회복되었다. 그러나 우리는 소문을 낸 사람과 면담을 진행했고, 결국 그 사람은 교회를 떠나게 되었다.

누군가에게 나쁜 소식: 성경에서 말하는 험담은 관계를 무너뜨리고 가장 친한 친구조차 갈라지게 하는 것으로 묘사한다. "패역한 자는 다툼을 일으키고 말쟁이는 친한 벗을 이간하느니라(잠 16:28)."

친구에 대한 험담을 들으면 그 말은 마음에 의심을 심고 불신의 장벽을 세우게 한다. 마찬가지로 친구가 당신 앞에서 누군가에 대한 험담을 할 때 당신은 그 친구가 다른 사람 앞에서도 내 험담을 늘어놓지는 않을지 의심하게 될 것이다. 이로 인해 서로 간에 신뢰는 깨지고 냉랭한 관계로 남게 될 것이다. 험담은 사람을 죽이는 말이다.

전도서에는 죄 많은 인간은 모두가 누군가의 등 뒤에서 다른 사람의 험담을 할 것이라고 확신하는 전도자의 재치 있는 언급이 나온다. 전도자는 자신에 대해 험담하는 말을 들었을 때 예민하게 받아들이지 말라고 경고한다. "또한 사람들이 하는 모든 말에 네 마음을 두지 말라 그리하면 네 종이 너를 저주하는 것을 듣지 아니하리라 너도 가끔 사람을 저주하였다는 것을 네 마음도 알고 있느니라(전 7:21-22)."

모함

모함은 공개적이고 다분히 의도적으로 다른 사람에 대한 악평을 퍼뜨리는 행위다.[25] 모함은 말하는 사람과 듣는 사람 그리고 그 대화에 거론된 사람 모두에게 해를 끼친다.

모함은 성경에서 여러 차례 언급된다. 모함은 험담의 한 종류로 다른 사람의 인격을 훼손하려는 의도로 다른 사람에게 해로운 정보를 흘리는 것이다. 저널리즘에서는 이것이 '악의적 범죄 계획'으로 여겨진다. 상대방의 평판에 해를 끼치려는 의도를 가지고 사실일 수도 있고 아닐 수도 있는 이야기를 전달하는 것이다. 에덴동산에서 사탄은 아담과 하와에게 하나님을 모함하는 말을 했다. "너희가 결코 죽지 아니하리라 너희가 그것을 먹는 날에는 너희 눈이 밝아져 하나님과 같이 되어 선악을 알 줄 하나님이 아심이니라(창 3:4-5)."

사탄은 사실이 아닌 것을 사실인 것처럼 말함으로 하나님을 모함했다. 마귀는 교묘하게 하나님을 거짓말쟁이로 만들었다. 하나님이 반드시 죽으리라고 말씀하셨지만 사탄은 죽지 않을 것이라고 말했다. 또 하나님을 모든 능력과 좋은 것을 자기만 가지려는 구두쇠 같은 신으로 만들었다. 사탄은 그들이 하나님처럼 될 수 있지만 하나님이 그 방법을 알려 주지 않을 것이라고 말했다.

모함은 보통 다른 죄인 질투에서 흘러나온다. 마귀(devil)를 뜻하는 그리스어는 '모함하는 자'라는 뜻을 담고 있다. 야고보서 4장 11절은 모함의 심각성에 대해 다음과 같이 지적한다.

형제들아 서로 비방하지 말라 형제를 비방하는 자나 형제를 판단하는 자는 곧 율법을 비방하고 율법을 판단하는 것이라 네가 만일 율법을 판단하면 율법의 준행자가 아니요 재판관이로다.

야고보 사도는 이렇게 주장한다. 모함은 그리스도를 따르는 자들 사이의 교제를 깨뜨리고 고귀한 율법(십계명으로 요약된 도덕법)을 어기는 사악한 말이다. 다른 지체에 대해 거짓으로 모함하는 것은 그 사람뿐 아니라 하나님의 율법에 대해서도 모함하는 것이다. 모함하는 사람은 자신이 불법으로 율법을 판단하는 재판관이 되는 것이다. 모함하는 사람은 하나님의 말씀으로 심판받는 대신 자신이 말씀의 판단자가 되는 것이다.

모함과 험담의 이면에 있는 문제는 무엇일까? 바로 나르시시스트의 두 축이 되는 자기애와 자기 과시다. 험담과 모함을 주고받을 때 우리는 다른 사람을 무너뜨리고 자기 자신을 높이 세운다. 스토웰은 다른 사람은 깎아 내리면서 자신은 좋게 보이도록 만드는 자기중심적 충동을 몇 가지 나열한다.[26]

• **호기심**: 사람이 호기심을 갖는 것은 본능이다. 사람은 항상 새로운 소식을 알고 싶어 한다. 호기심 자체는 좋은 것이며 건설적이지만 우리가 가진 정보를 가지고 다른 사람을 무너뜨리는 데 이용한다면 이야기는 달라진다. 디모데전서 5장 13절은 문제를 만들어 내는 사람을 험담과 연결시킨다. 이런 사람은 호기심을 억제하지 않고 방치한다. 솔로몬은 모함하는 사람은 전혀 신뢰할 수 없다고 말한다. "두루 다니며 한담하는 자는 남의 비밀을 누설하나 마음이 신실한 자는 그런 것을 숨기느니라(잠 11:13)."

• **관심의 중심이 되고 싶은 욕망**: 다른 사람들이 관심을 가질 만한 인물에 대한 특종이나 다른 사람이

갖고 있지 않은 흥미로운 정보를 가지고 있다.

자신을 높일 수 있는 기회: 월 듀란트(Will Durant)가 말했듯이 "남을 헐뜯는 것은 정직하지 못한 방법으로 자기 자신을 칭찬하는 것이다."[27]

• **억울함에서 비롯되는 악담:** 언론사에 다니던 한 사람이 자기 상사에 대해 악담을 하고 다녔다. 그 이유는 이 사람이 지원했던 자리에 자기 상사가 채용되었기 때문이었다. 상사에 대한 복수심 때문에 악담을 하고 다녔는데, 그것이 자기 자신을 얼마나 나쁘게 보이게 하는지 전혀 알지 못했다.

내가 어렸을 때 고향 교회에서 유명하셨던 한 권사님이 동네 부유한 사업가와 불륜을 저질렀다는 소문이 났었다. 그 소문은 거짓이었고 모함이었지만 권사님의 남편은 그 소문을 믿었고 그것 때문에 스스로 목숨을 끊었다. 바울은 에베소 교회에 "너희는 모든 악독과 노함과 분냄과 떠드는 것과 비방하는 것을 모든 악의와 함께 버리고(엡 4:31)."라고 명령했다. 모함과 험담은 교회를 죽이고 결혼 생활을 파탄에 이르게 하며 우정을 파괴한다. 그리고 이보다 더 나쁜 일도 얼마든지 일어날 수 있게 한다.

2. 비난하는 말
「너 정말 별로야」

비난은 모함과 험담의 하위 개념이기에 이에
대해서 많은 지면을 할애하지는 않겠다. 비평가들
은 직장, 야구장, 차 안, 쇼핑몰, 교회 등 어디에나
있다.

맞춤형 주택 개발자이자 건축가였던 아버지는
"다들 자기네들이 건축가인 줄 안다니까."라고 말
씀하시곤 했다. 이 말은 건축가인 아버지보다 더
좋은 집을 지을 수 있다고 생각하는 고객이 많았
다는 의미였다. 공적인 일을 하는 사람들(경찰, 교
사 혹은 교회 리더)은 비난받는 것이 무엇을 의미하
는지 뼈저리게 알고 있다. 그리스도인이라도 남을
비난하는 죄에서 결코 예외는 아니다.

은혜롭고 유익한 비판은 대부분 타당하고 도
움이 된다. 이러한 비판을 지금 여기서 다루는 죄
악된 비난과 혼동해서는 안 된다. 예수님도 바리
새인, 사두개인을 비롯한 다양한 종교 지도자들의

비난을 받으셨다. 모세는 이스라엘 백성에게서 혹독하게 비난받았다. 사도 바울도 여러 동료와 대적들에게 비난받았다. 그리고 하나님은 인류 역사를 통틀어 가장 많은 비난을 견뎌 내셨다. 2차 세계대전 종전 후 공산주의 강제수용소의 간수들은 그리스도인 포로들에게 폭력을 행사하면서 "지금 너희 하나님이 어디 계시니? 이 감옥에서 너희를 구할 만큼 능력이 없으시나 보다."라며 조롱했다.[28] 지금까지 하나님을 비난하는 사람들은 무수히 많았고 예수님이 다시 오실 그 날까지도 계속될 것이다.

우리는 왜 남을 비난할까? 자신을 필요 이상으로 과대평가하기 때문이다. 우리는 마음속으로 자신이 더 매력적이고, 더 간명하고, 더 유려한 말을 쓰고, 성경을 더 잘 해석할 수 있다고 확신하기 때문에 설교자를 비난한다. 우리는 배우자나 자녀가 우리의 불합리한 기대에 미치지 못하기에 비난한다. 우리는 직장 상사가 감히 내가 수행해야 할 업무에 대해 책임을 묻기 때문에 상사를 비난한다. 우리는 교회가 음악이나 교육, 리더십, 비전에 대한 우리의 기준을 충족시키지 못하기에 비난한다. 우리는 타자 중심도 아니고 하나님 중심도 아닌 지극히 자기중심적이기 때문에 끊임없이 비난한다. 우리가 비난하는 것들 중 거의 대부분은 하나님을 사랑하고 이웃을 내 몸과 같이 사랑하라는 말씀을 따르지 않기 때문에 나온다(막 12:30-31).

왜 이런 말을 하겠는가?

우리의 비난하려는 욕구 때문에 하나님께는 절대 할 수 없는 말을 사람들에게는 서슴없이 한다. 당연히 우리도 비난받을 만한 행동을 할 때가 있다. 그러나 만일 다른 사람을 부당하게 비난한다면, 그것은 하나님의 형상대로 지음 받은 이들을 욕하게 되는 것이요, 궁극적으로는 하나님을 비난하는 것이다. 야고보서 3장 9-10절은 이 점에 대해 명확하게 설명한다.

이것[혀]으로 우리가 주 아버지를 찬송하고 또 이것으로 하나님의 형상대로 지음을 받은 사람을 저주하나니 한 입에서 찬송과 저주가 나오는도다 내 형제들아 이것이 마땅하지 아니하니라.

질투 역시 종종 비난을 불러일으킨다. 우리는 다른 사람이 가진 것, 사회적 지위나 직업을 부러워한다. 그러나 그들처럼 될 수 없기 때문에 그들을 깎아내린다. 바리새인들은 어떤 면에서 예수님을 질투했기 때문에 예수님을 미워했다. 많은 사람들이 그들의 울타리를 떠나 예수님을 따르기 시작했다. 그들이 예수님을 십자가에 못박은 데는 분명히 이러한 질투심도 한몫했다. 불경건한 비난은 미묘하지만 추악한 죄다. 이 죄에서 자유로운 사람은 없다.

3. 비아냥
「상대방을 낮춰서 자신을 높이기」

비꼬는 말에는 두 종류가 있다. 하나는 선한 의도를 가지고 장난스럽게 놀리는 말이다. 잘 사용하면 사람들의 긴장을 풀어 주어 분위기를 부드럽게 만들어 주는 유희가 될 수 있다. 우리의 웃픈 현실을 보여 주는 일종의 풍자라고 할 수 있다. 그러나 다른 유형의 비꼬는 말은 죄악이며 결코 유희가 될 수 없다. 우리는 상대방에게 '점수를 따기' 위해서 다른 사람을 깎아 내리는 방식으로 웃음을 만들어 내고자 할 때 이런 종류의 말을 한다.

이러한 비아냥은 이웃을 내 몸과 같이 사랑하

지 않는 것이며, 자신을 어리석은 사람으로 드러내는 것이다. "지혜 없는 자는 그의 이웃을 멸시하나 명철한 자는 잠잠하느니라(잠 11:12)." 다른 사람에게 강렬한 인상을 남기고 싶은 유혹이 올 때는 차라리 입을 다무는 지혜를 발휘하는 것이 낫다.

비아냥은 예수님이 십자가에서 고난당하실 때 견디신 조롱과 멸시와 비슷하다.[29] "그가 남은 구원하였으되 자기는 구원할 수 없도다 그가 이스라엘의 왕이로다 지금 십자가에서 내려올지어다 그리하면 우리가 믿겠노라 그가 하나님을 신뢰하니 하나님이 원하시면 이제 그를 구원하실지라 그의 말이 나는 하나님의 아들이라 하였도다 하며(마 27:42-43)." 예수님이 십자가에 못 박히신 그날 갈보리 언덕에 있던 구경꾼들은 예수님이 자신이 하나님의 아들이라고 하셨던 주장을 비웃었다. 예수님이 약해지신 것을 이용해 마치 자신이 강한 것처럼 생각했다.

이것이 바로 비아냥이 하는 일이다.

상대방을 어리석어 보이게 만듦으로써 자신을 똑똑하게 보이게 하는 것이다. 우리는 그리스도인으로서, 부모로서, 교회를 섬기는 지체로서 교묘하게 이런 일을 할 수 있다. 목사들도 강단에서 비아냥거릴 수 있다. 한 번은 우리 교단의 한 목사님이 사모님을 시골뜨기로 표현한 것을 들은 적이 있다. 자신은 아이비리그에서 학위를 받았다고 하더니 아내가 자기 이름을 이상하게 발음한다면서 시골 출신이라 그런지 세련되지 못하고 굼뜨다고 이야기해서 청중을 웃게 만들었다.

그리고는 1970년대 호러물 영화 "서바이벌 게임(*Deliverance*, 1972, 오지 마을에 카누를 타러 놀러 온 도시 출신 주인공들과 마을 주민들 간의 마찰을 그린 영화_옮긴이)"을 언급하기도 했다. 의도하지 않았을 수 있지만(나는 순수한 동기에서 비롯되었다고 생각한다), 결과적으로 그 목사님은 아내를 깎아 내리고 자기 자신을 높였다. 그 자리에 있던 많은 사람들도 이렇게 생각했다. 그날 그 자리에 사모님이 계시지 않아서 다행이었다.

비아냥은 바울의 "무릇 더러운 말은 너희 입 밖에도 내지 말고 오직 덕을 세우는 데 소용되는 대로 선한 말을 하여 듣는 자들에게 은혜를 끼치게 하라(엡 4:29)."는 말씀에 어긋난다. 이제는 이렇게 질문해 봐야 한다. "비아냥이 상대방을 높이는가?" 그 대답이 "아니오."라면 그런 말을 하지 말아야 한다. 그 비아냥을 듣는 모든 이들에게 은혜를 줄 수 있는가? 아마도 아닐 것이다. 이 시험을 잘 넘어가지 못하는 비아냥이라면, 그 말을 통해 상대방은 무너뜨리고 자기 자신은 세울 가능성이 높다. 또한 듣는 사람들은 실망하게 될 수 있다.

비아냥은 내가 대접받고 싶은 대로 남을 대접하라는 주님의 황금률에도 걸려 넘어진다. 이렇게 물어보자. "다른 사람의 놀림거리가 되고 싶은가?" 이것을 원하는 사람은 거의 없을 것이다. 말하기 전에 마음속으로 먼저 이 질문을 생각해 본다면 비아냥을 피할 수 있을 것이다. 우리는 우리의 말이 다른 사람들에게 은혜를 끼치고 사람을 깎아 내리기보다는 세우기를 원한다. 아부가 아니라 진심으로 그렇게 해야 한다.

4. 자랑과 아부
「상대방을 높여서 자신을 높이기」

자랑

아버지는 나와 동생에게 잠언 27장 2절을 자주 말씀하셨다.

타인이 너를 칭찬하게 하고 네 입으로는 하지 말며
외인이 너를 칭찬하게 하고 네 입술로는 하지
말지니라.

아버지는 우리가 참가하는 운동경기나 학교
시험 점수와 연결하여 이 말씀을 하셨다. 고모는
입만 열면 자기 자랑을 늘어놓는 편이었는데, 아
버지는 그런 말이 겸손과 반대이기에 우리가 고모
처럼 되지 않기를 바라셨다.

그리스도인, 특별히 목사들은 잠언 27장 2절을
마음의 문설주에 써 붙여 놓아야 한다. 자랑은 무
엇인가? 자랑은 자신의 업적, 소유물, 능력에 대해
교만하고 자기만족적인 방식으로 말하는 것이다.
한마디로 자랑은 스스로를 우상으로 만들어 숭배
하는 것이다.

하나님은 자랑하는 것을 싫어하실까? 다니엘
서(3-4장)에 나오는 느부갓네살 왕에게 일어난 일
을 보자. 극도의 자만심과 지독한 우상숭배에 빠
진 느부갓네살은 약 27미터 높이의 금 신상을 만
들고 모든 백성에게 그 앞에 경배하도록 명령했
다. 하나님은 "나는 여호와이니 이는 내 이름이라
나는 내 영광을 다른 자에게, 내 찬송을 우상에게

주지 아니하리라(사 42:8)."고 분명히 말씀하셨다.

하나님은 자기 숭배에 대한 형벌로 정신도 잃고 왕국도 잃게 하셨다. 그를 들판으로 쫓아내시고 들짐승과 함께 살게 하셨다. "지극히 높으신 이가 사람의 나라를 다스리시며 자기의 뜻대로 그것을 누구에게든지 주시는 줄을 알기까지(단 4:32)" 그렇게 하셨다. 느부갓네살은 자기 숭배의 벌로 인간 이하의 처지가 되었다. 하나님께만 돌려야 할 영광을 절대로 자기 것으로 삼으려고 하면 안 된다. 자랑하지 말고 겸손함으로 나아가자. 하나님의 영광을 도둑질하는 자는 혹독한 벌을 받게 될 것이다. 애초에 인간에게 주어지지 않은 영광을 가로채는 행위는 우리를 인간 이하로 만든다.

〈프랑켄슈타인〉에 버금가는 무서운 이야기가 사도행전 12장 21-23절에 나온다. 헤롯 아그립바 이야기다. 그가 연설을 마치자 백성들은 "이것은 신의 소리요 사람의 소리가 아니라(행 12:22)."고 외쳤다. 자만심에 취한 헤롯은 하나님께만 속한 찬양을 받아들였다. 이 다음에 무슨 일이 일어났을까? "헤롯이 영광을 하나님께로 돌리지 아니하므로 주의 사자가 곧 치니 벌레에게 먹혀 죽으니라(행 12:23)." 자랑은 교만의 사촌이며, 하나님은 그

누구와도 영광을 나누지 않으신다.

자랑은 직접 숭배를 받는 것보다 훨씬 교묘하다. 우리 중에 직접적으로 숭배를 받을 위험이 있는 사람은 거의 없을 것이다. 그러나 자랑은 기도 요청을 가장하여서도 할 수 있다. "우리 아이들은 크리스마스가 되면 선물을 개봉하기 전에 먼저 봉사를 한답니다. 소방서에 찾아가 크리스마스에도 일해야 하는 소방관들에게 며칠 동안 직접 구운 쿠키를 나눠 주고, 노숙자 쉼터에도 찾아가요. 그렇게 다하고 나서야 집에 가서 자기 선물을 열어 봅니다. 이 아이들이 복음을 잘 증거할 수 있도록 기도해 주세요." 내가 교회에서 직접 들었던 기도 요청이었다.

또 이런 기도 요청도 있었다. "우리 아들이 제가 대학 다닐 때 매 학기 장학생 명단에 올랐던 것처럼 똑같이 장학생 명단에 올랐어요. 아들이 겸손할 수 있게 기도해 주세요." 자랑은 강단에서도 할 수 있다. 한 목사님이 설교 중에 "나는 해변과 산에 각각 한 채씩 그리고 지금 사는 100평짜리 집까지 해서 모두 세 채의 집을 갖고 있어요. 그런데 지난주 토네이도로 인해 산장이 휩쓸려 갈 뻔했어요."라고 말씀하셨다. 자랑인지 아닌지 확실하진 않지만 내게는 자랑으로 들렸다.

자랑은 자신의 미덕을 과시하는 것으로도 나타날 수 있다. 대학 시절, 내가 아는 한 그리스도인 여학생은 〈여전히 혼전 순결을 지키는 이유〉라는 제목으로 과제를 제출했는데, 거기에는 캠퍼스의 다른 여학생들처럼 쓰레기가 되고 싶지 않아서라고 쓰여 있었다. 우리 중에 이런 식으로 행동할 사람은 많지 않겠지만 아침에 큐티하는 모습을 찍어 인스타그램에 올릴 수도 있다. 사람들은 '좋아요'를 누르겠지만 예수님은 팔로워들만큼 감명받지 않으실 수도 있다. "사람에게 보이려고 그들 앞에서 너희 의를 행하지 않도록 주의하라 그리하지 아니하면 하늘에 계신 너희 아버지께 상을 받지 못하느니라(마 6:1)."

자랑은 "아무 일에든지 다툼이나 허영으로 하지 말고 오직 겸손한 마음으로 각각 자기보다 남을 낮게 여기고(빌 2:3)"라는 바울의 권고와는 달리 다른 사람보다 내가 낫다고 여기는 행동이다. 자만은 다른 사람보다 자신을 높이고 부풀리는 교만이다. 남들과 자신을 비교하는 여러 악들 중에 최악이라 할 수 있다.

영광 중에 하나님을 만나고 다시 이 세상으로

보내지는 것보다 더 놀라운 경험은 상상하기 힘들다. 이런 일이 바로 사도 바울에게 일어났다(고후 12장 참조). 그런데 바울은 이에 대해 떠들고 다니지 않았다. 바울은 자랑의 유혹에 빠지지 않았다. 성경은 오직 한 가지, 예수 그리스도의 인격과 사역에 대해 자랑하라고 한다. 그리스도가 아닌 다른 것을 자랑하는 것은 복음의 반대편에 서는 일이며, 하나님의 일하심의 반대편에 서는 일이다. 바울은 자신의 경험이 아니라 자기의 연약함을 자랑했다. 우리는 이것을 배워야 한다.

하나님께서 세상의 천한 것들과 멸시받는 것들과 없는 것들을 택하사 있는 것들을 폐하려 하시나니 이는 아무 육체도 하나님 앞에서 자랑하지 못하게 하려 하심이라 … '자랑하는 자는 주 안에서 자랑하라'(고전 1:28-29, 31b).

  허풍쟁이가 되는 것은 하나님의 영광을 빼돌리는 일이다. 오직 그리스도와 그가 십자가에서 이루신 일만 자랑하라.

아부

대학 시절, 한 친구는 "아부는 어디서나 통한다."라는 문구가 선명하게 새겨진 티셔츠를 입고 다녔다. 하지만 모두가 알고 있듯 아부는 가짜 친구다. 아부는 다른 사람의 행동, 미덕, 사회 생활에 대한 것들을 말로 칭찬하여 상대방에게 빚을 지게 하는 행동이다.[30] 아부는 자기중심적이다. 내가 아부하는 행동으로 인해 상대방이 내 말에 관심을 갖고 귀를 기울이게 되기 때문이다. 지금 내가 "당신은 내가 본 사람 중에 가장 괜찮은 사람이다."라고 말한다면 당신은 하던 일을 멈추고 내 말에 귀를 기울일 것이다.

때때로 우리는 관심에 굶주린 나머지 관심을 받기 위해 지나친 칭찬을 던진다.[31] 그게 아니라면 상대방에게 칭찬이 듣고 싶어서 먼저 아부하는 것인지도 모른다. 또는 오랜 시간 인내하며 좋은 사귐을 갖는 수고를 하지 않고도 상대방의 존경을 얻기 위해 아부하기도 한다.

성경에는 아부를 금하고 아부하는 입술을 비난하는 구절이 수십 개나 있다. 다윗 왕은 타락한 세상의 불경건하며 교만한 상태를 설명하기 위해 자랑과 아부를 예로 든다. 특히 말을 무기로 사용할 때 혀에서 비롯되는 죄에 대해 언급하는 여러 방식을 놓치지 말아야 한다.

그들이 이웃에게 각기 거짓을 말함이여 아첨하는 입술과 두 마음으로 말하는도다 여호와께서 모든 아첨하는 입술과 자랑하는 혀를 끊으시리니 그들이 말하기를 우리의 혀가 이기리라 우리 입술은 우리 것이니 우리를 주관할 자 누구리요 함이로다 (시 12:2-4).

궁극적으로 아부는 교묘한 거짓말이다. 상대방을 내 영향력 아래 두기 위한 목적으로 좋은 말을 하는 것이다. 그러니 그 말은 진심이라고 할 수 없다. 시편 기자는 미심쩍은 마음의 동기를 가지고 입에 발린 소리를 하는 거짓 친구의 이중적인 모습에 대해 말한다. 아부는 배신의 또 다른 모습이다. "그의 입은 우유 기름보다 미끄러우나 그의 마음은 전쟁이요 그의 말은 기름보다 유하나 실상은 뽑힌 칼이로다(시 55:21)." 안타깝게도 주변의 많은 사람들이 아부를 즐긴다. 그러나 아부하는 것은 상대방의 발 아래 덫을 놓는 행위다. "이웃에게 아첨하는 것은 그의 발 앞에 그물을 치는 것이니라(잠 29:5).”

아부하는 대신 하나님께 영광을 돌리는 방식으로 상대방을 격려하고 칭찬할 수 있다. “주님이 당신에게 이렇게 아름다운 가족을 주셨군요.” 혹은 “당신처럼 정직하고 배려 많은 친구를 주신 하나님께 감사드려요.”, “주님께서 당신에게 건강과 총명으로 복을 주셨군요.”라고 말할 수 있다. 아부와 달리 격려와 칭찬은 하나님의 선하심에 근거를 두며 상대방에게 뭔가를 갚아야 한다는 부담감을 주지 않는다. 이것이 잠언 기자가 “경우에 합당한 말은 아로새긴 은 쟁반에 금 사과니라(잠 25:11).”고 쓸 당시 염두에 둔 상황일 것이다.

많은 경우 내면이 불안하고 그리스도 안에서 궁극적인 자기 정체성을 발견하지 못했을 때, 우리는 자랑과 아부를 하게 된다. 자기 일에 얼마나 능숙한지(우리는 열심히 일한다), 1년 동안 얼마나 많은 책을 읽는지(우리는 똑똑하다), 외모가 얼마나 매력적인지(우리는 아름답다) 등 우리가 가진 많은 것들에 대해 남들이 알아주기를 바라기에 자랑한다. 그리고 상대방이 우리를 높이 평가해 주기를 바라기에 아부한다. 이제 자랑과 아부를 멈추고 우리의 정체성을 발견해 가자. 우리를 빚으시고 우리 안에서 행하시는 그리스도를 바라보자. 그럴 때 비로소 우리 자신으로 충분하다는 사실과 우리 각자의 정체성을 발견하게 될 것이다.

5. 거짓말과 기만

요즘은 진실을 말하는 것이 인기가 없다. 문화는 편의주의와 자기 홍보의 시대로 변화하면서 약간의 거짓말은 눈감아 주기도 하며 때때로 권장하기도 한다. 페이스북이나 인스타그램에서 보이는 것처럼 진짜 그렇게 사는 사람이 있을까? 내 고등학교 동창들은 모두 건강하고 부유하며 현명하게 보인다. 하지만 그것은 '약간의 거짓말'에 불과하다. 마크 트웨인은 "미심쩍을 때는 진실을 말하라. 그러면 적을 당황하게 하고 친구를 놀라게 할 것이다."라고 말했다.[32]

성경은 사탄을 거짓의 아비(요 8:44)라고 부른다. 그만큼 진실은 사탄이 가장 좋아하는 표적이었다. 거짓말은 사탄의 모국어이기 때문에 진리가 보이는 곳이면 어디든 사탄이 공격하는 것은 당연하다. 빌라도 앞에서 예수님은 진리를 증거하기 위해 이 세상에 왔다고 선언했다. 이때 빌라도가 "진리가 무엇이냐?"고 냉소적으로 묻는 모습에서 우리는 사탄의 정서를 엿볼 수 있다. 진리를 발견할 수 없다고 여기는 회의론자에게는 진리가 중요하지 않다. 바로 이것이 우리가 살고 있는 21세기 환경이다.

다윗은 시편 51편에서 철저하게 회개하며 "보소서 주께서는 중심이 진실함을 원하시오니 내게 지혜를 은밀히 가르치시리이다(6절)."라고 기도했다. 진리와 지혜는 우리 존재의 핵심이며, 진리는 기독교 신앙의 중심에 서 있다. 예수님은 자신을 "길이요 진리요 생명"이라고 말씀하신다(요 14:6). 예수님은 "은혜와 진리가 충만"하시다(요 1:14). 요한은 성령님을 "진리의 영"으로 묘사하는데, 성령님의 주요 임무는 하나님의 백성을 모든 진리 가운데로 인도하는 것이다(요 14:17, 16:13).

진리는 정통 교리와 삶에 있어서 절대적으로 중요하다. 그리스도인은 하나님의 은혜에 따라 진리로 창조된 백성이라고 할 수 있다. 따라서 그리스도인은 어느 때든지 진리를 말하기 위해 애써야 한다. 시편 기자가 "네 혀를 악에서 금하며 네 입술을 거짓말에서 금할지어다 악을 버리고 선을 행하며 화평을 찾아 따를지어다(시 34:13-14)."라고 반복해서 말하는 것처럼 우리는 거짓말을 삼가야 한다.

거짓말은 얼마나 심각한 죄인가? 사도행전 5장에서 하나님은 아나니아와 삽비라를 죽이셨다. 이들이 땅을 판 후에 그 값 일부는 감추고 나머지만 드리면서 마치 전부를 드리는 것처럼 성령님을 속였기 때문이다. "베드로가 이르되 아나니아야 어찌하여 사탄이 네 마음에 가득하여 네가 성령을 속이고 땅 값 얼마를 감추었느냐(행 5:3)." 하나님이 미워하시는 것을 기록한 목록에는 거짓된 혀가 포함되어 있다(잠 6:17). 또 마지막 때에 불과 유황으로 타는 못에 던져질 이들 중에 거짓말하는 자가 포함되었다(계 21:8).

거짓말의 범주에는 현혹하는 말이나 거짓 증거(제9계명)를 포함하여 모든 종류의 속이는 말들이 포함된다. 물론 대부분의 그리스도인들은 노골적인 거짓말은 죄악이며 어떤 경우에도 해서는 안된다는 것에 동의한다. 하지만 "작은 거짓말"은 어떨까? 1987년 플릿우드 맥(Fleetwood Mac)은 "작은 거짓말"이라는 히트곡을 불렀는데, 가사 중에 "거짓말을 해 주세요. 달콤한 거짓말을 해 주세요."라는 내용이 있다. 우리가 경험하는 현실에 더 부합하는 가사는 컨트리 가수 클레이 워커(Clay Walker)가 부른 "그럼 어떡해?(Then What?)"라는 곡일 것이다. 이 노래에는 거짓말을 하다가 들통난 한 남자에게 "이젠 아무도 널 믿지 않을 거야."라고 조롱하는 가사가 나온다.

성경에서 말하는 진리는 진실함, 안정감, 안전함, 믿음과 같은 귀중한 기독교적 덕목들과 함께 움직인다. 그렇기에 진리를 타협하면, 이 모든 덕목들도 진리와 함께 사라진다. "작은 거짓말"이 지금 당장 심각한 결과로 이어지지는 않을 수 있다. 그러나 진리를 타협한다는 면에서는 큰 거짓말과 차이가 없다.

어린 시절 앤디 그리피스 쇼(*The Andy Griffith Show*: 1960-1968년까지 CBS에서 방영한 미국 시트콤_ 옮긴이)를 보면서 자란 이들은 이 프로그램이 그리스도인에게 건전한 오락이라고 여긴다. 사실 어느 정도는 그렇기도 하다. 하지만 주인공이 거짓말을 하거나 거짓말을 옹호하던 장면이 얼마나 많았는지 생각해 보라. 앤디 테일러 보안관은 자신이 직

접 전화를 받았으면서도 비 이모나 파이프 부보안
관이 전화를 건 경우라면 부재중이라고 자동응답
기처럼 대답하는 경우가 많았다. 온 가족이 함께
시청하는 프로그램에서 이렇게 거짓말하는 것을
무고한 '하얀 거짓말'이라고 할 수 있을까?

거짓말을 하면 관계가 어떻게 깨어지는지 생
각해 보라. 야근한다던 남편이 실제로는 야근하지
않았던 것을 아내가 알게 되었다고 하자. 설사 남
편이 친구들과 볼링을 치러 갔더라도 서로 간에
신뢰를 회복하는 데는 오랜 시간이 걸릴 것이다.
한 목사가 인터넷에서 다른 목사의 설교를 다운받
아 설교하고는 마치 자신이 직접 작성한 설교문인
것처럼 거짓말하는 경우도 마찬가지다. 신뢰를 회
복하기까지는 제법 시간이 걸릴 것이다. 또한 고
등학생 자녀가 토요일 밤에 아르바이트를 한다고
나갔는데 실제로는 친구들과 맥주를 마시고 있었
다는 사실을 알게 되었다면 어떨까? 한동안은 집
안 공기가 전과는 다를 것이다.

조셉 스토웰은 진리가 하나님께 매우 중요하
고 또한 그의 백성에게 가장 중요한 것이 되어야
하는 이유를 세 가지로 든다.[33]

1. 진실을 말하는 것은 우리를 하나님과 하나님의 말씀과 일치시킨다.

2. 하나님은 우리를 구원하사 우리를 통해 하나님의 성품을 드러내게 하셨다. 진리는 하나님의 거룩한 성품의 핵심이다. 하나님의 백성으로서 우리가 거짓말을 하게 되면, 하나님에 대해 잘못 전달하게 되는 것이다.

3. 진실을 말하는 것은 하나님의 뜻에 순복하는 것이다. 잠언 기자는 "의인은 거짓말을 미워(13:5)"한다고 하며, 바울은 "너희가 서로 거짓말을 하지 말"고 "옛 사람과 그 행위를 벗어 버리"라고 명령한다(골 3:9).

6. 화내는 말과 불평
「폭발하기도 하고 천천히 끓기도 하고」

화내는 말

미국의 유명한 격언 중에 이런 말이 있다. "몽둥이와 돌로 내 뼈를 부러뜨릴 수는 있어도 말로는 내게 상처 입힐 수 없다." 이 말이 사실이라면 얼마나 좋을까? 그러나 말은 상처를 준다. 특히 화가 나서 던지는 말은 더더욱 그렇다. 우리는 쉽게

화를 내는 경향이 있다. 그럴 때 혀로 가장 많은 죄를 짓는다. 에스더 이모와 프레드 샌포드를 봐도 알 수 있다. 프레드가 에스더 이모를 도발했을 때, 에스더 이모는 화내는 말로, 때로는 극단적인 말로 대응했다.[34] 우리들도 이와 다른 모습을 보이긴 쉽지 않을 것이다. 그러나 잠언 기자는 이런 말을 가볍게 여겨서는 안 된다고 이야기한다.

칼로 찌름 같이 함부로 말하는 자가 있거니와
지혜로운 자의 혀는 양약과 같으니라(잠 23:18).

사망의 말과 생명의 말이 대립하고 있다. 성급한 말은 사망을 불러온다. 잠언 기자는 한걸음 더 나아가 노하기를 속히 하는 사람을 가리켜 어리석은 자라고 했다(잠 14:16a).

대체로 우리는 화가 나면 말로 표현한다. 어린 시절 야구를 할 때, 나는 심판이 잘못된 판정을 내리면 몹시 화가 났다. 그리고 내 화는 고스란히 말로 표현되었다. 신사적인 스포츠로 알려진 골프를 같이 치던 친구가 있었는데, 그 친구도 나와 성향이 비슷했다. 이 친구는 러프(관목이나 긴 잔디, 잡초가 있는 벌칙 구역)나 벙커(모래 함정) 혹은 연못으로 공을 잘못 치게 되면 스스로에게 '바보' 또는 '멍청이'라고 욕하곤 했다.

하루는 다른 두 친구와 함께 넷이서 골프를 치고 있었는데, 공을 잘못 칠 때마다 그 친구의 다양한 욕을 들을 수 있었다. 우리는 킥킥대며 그를 놀렸다. 홀을 거듭할수록 친구의 짜증은 꼬인 물 호스가 부풀어 오르는 것처럼 커져만 갔다. 결국 그 친구의 화를 억누르고 있던 댐이 터지고 말았다. 17번 티샷에서 공을 놓친 그는 입에 담을 수 없는 욕을 쏟아 냈다. 우리 셋은 크게 웃음을 터트렸다. 하지만 그 뒤에 일어날 일은 아무도 예상하지 못했다.

친구는 카트에서 골프 가방을 꺼내 근처에 있던 호수에 확 던져 버렸다(가방 안에는 비싼 캘러웨이 골프 클럽과 안전하게 보관하려고 넣어 두었던 롤렉스 시계가 들어 있었는데 까맣게 잊은 듯하다.). 골프 클럽이 수면 아래로 가라앉는 것을 보자 그제서야 그는 연못으로 뛰어들었다. 그 모습이 마치 그의 데워진 말 때문에 물이 끓어오르는 것처럼 보였다.

30년이 지난 지금도 우리는 그때를 떠올리며 웃음을 터뜨리곤 한다. 그렇게 화를 내던 친구도 이제는 그리스도인이 되었다. 그러나 성경은 그 친구의 화와 그 결과로 쏟아 낸 말들을 단순히 웃고 넘길 일로 여기지 않는다. "어리석은 자는 자기의 노를 다 드러내어도 지혜로운 자는 그것을 억제하느니라(잠 29:11)."

화는 즐거운 골프 게임을 방해하는 것보다 더 심각한 문제를 일으키는 말을 가져온다. 부부 싸움 중에 남편이 아내에게 모욕적인 말을 내뱉게 한다. "넌 진짜 멍청이야," "생긴 건 왜 그 모양이야," "너처럼 끔찍한 사람은 처음이야." 이런 말들은 부부 관계를 깨뜨리고, 아내 마음에 큰 상처를 줄 것이다. 또 십대 아이가 아버지에게 이렇게 말하게 만든다. "나는 아빠가 싫어요. 아빠가 주는 건 전부 다 싫어요." 생각만 해도 끔찍하다. 이 정도 되면 서로의 관계를 회복하기까지 많은 회개와 노력이 필요할 것이다.

화가 난 성도가 담임 목사에게 이런 식으로 터뜨리게 할 수도 있다. "그때 당신을 우리 교회 목사로 청빙하지 말았어야 했어요. 물론 그때도 난 반대했었지만, 다시 투표할 수 있으면 좋겠네요. 당신은 최악이에요." 이런 부적절한 말 한 마디로 목회자와 성도의 관계에 깊은 골이 생길 것이다.

우리가 화내는 것과 하나님의 진노는 완전히

다르다. 하나님의 진노는 항상 의롭고, 그 진노의 대상은 죄, 악, 불의와 같은 것들이다. 하나님은 악(잠 8:13), 한결 같지 않은 저울추(잠 20:10), 교만한 눈, 거짓된 혀, 무죄한 자의 피를 흘리는 손, 악한 계교, 망령된 증인, 형제 사이를 이간하는 자를 미워하신다(잠 6:16-19).

그런데 우리는 즐겁게 골프를 치다가, 다이어트에 실패해서, 남편이 텔레비전 리모컨을 독점하기 때문에 등 수천 가지 사소한 이유로 화를 낸다. 우리는 어떤 식으로든 우리에게 잘못했다고 생각하는 사람들에게 인격적인 모욕이나 공격, 편애 등으로 복수하기 위해 말을 무기화한다. 화가 났을 때 내뱉은 이런 말들은 하나님의 성품과 어울리지 않는다.

하나님은 사랑이 많은 아버지가 그리하듯이 우리가 어떠한 큰 잘못을 저질렀더라도 그 일을 통해 우리에게 최선의 결과를 이끌어 내신다. 이는 그가 일하시는 모습 속에서 분명히 드러난다. 출애굽기 32장에 나오는 금송아지 사건을 보자. 이스라엘 백성은 시내산에서 우상을 만들어 섬김으로 하나님의 진노를 샀다. 그런데 하나님은 이런 일 때문에 이스라엘을 두고 떠나지 않으셨다.

출애굽기 33장에서 하나님은 이들에게 시내산을 떠나라고 명령하신다. 하지만 출애굽기 33장 1-3절을 보면, 하나님은 그들을 약속의 땅으로 데려가겠다고 또 다시 약속하신다. 그들이 하나님을 거부하고 다른 신을 만들어 섬겼는데도 말이다.

그들은 우리와 마찬가지로 완전히 멸망 당해도 마땅한 죄를 지었다. 그러나 하나님은 펄펄 끓는 진노 중에도 그들을 쓸어버리지 않으셨다. 그리고 모세의 기도를 들으시고 자신의 백성에게 은혜를 베푸셨다(33:12-22). 그럼에도 하나님의 백성은 그 이후에도 하나님을 원망했다. 그 대가로 결국 이 세대는 약속의 땅에 들어가지 못했다.

긍휼이 많으신 하나님의 진노는 우리의 분노와는 질적으로 다르다. 하나님의 진노를 바라보며 우리가 화내는 모습도 변화되어야 한다. 에베소서에는 의로운 분노와 불의한 분노가 나온다.

분을 내어도 죄를 짓지 말며 해가 지도록 분을 품지 말고 마귀에게 틈을 주지 말라(엡 4:26-27).

모든 화가 죄가 되는 것은 아니다. 예를 들어 예수님도 성전에서 돈 바꾸는 자들을 쫓아내셨다. 그러나 신자라면 분노에 사로잡혀서는 안 된다.

경건하지 않은 분노는 마귀에게 틈을 보이는 것이며, 마귀는 주로 재갈 물리지 않은 혀를 이용한다.

바울은 여러 가지 죄 목록을 만들었다(롬 1:21-32; 고전 6:9-10; 갈 5:19-21; 골 3:5-9; 딛 3:3). 이 중에 갈라디아서 5장 19-21절은 인간이 성적 부도덕과 분노에 치우쳐 있다는 것을 보여 준다. 우리는 성적 부도덕에 대해 우려하는 만큼 분노와 분노하는 방식에 대해서도 우려해야 한다.[35] 화는 대게 적대감, 다툼, 질투, (골프장에서 내 친구가 보인) 치밀어 오르는 화, 경쟁, 불화, 분열, 악의, 비방 등의 표현 방식으로 입에서 쏟아져 나오기 때문이다. 무분별한 화는 가정과 인간관계를 파괴하고 교회를 분열시킨다.

'화'를 떠올릴 때면 대게 잔뜩 화가 난 사람이 활화산처럼 폭발하는 모습을 연상하겠지만 죄 많은 인간이 화를 표현하는 방식은 그렇게 단편적이지 않다. 화가 천천히 끓어올라서 종종 불평을 쏟아 내는 방식으로 표현하는 이들도 있다. 이런 불평 또한 매우 일반적으로 (종종 교묘하게) 우리가 말로 죄를 짓는 방식이라 할 수 있다.

불평

요한 형제가 '침묵의 수도원'에 들어갔다. 수도원장은 그에게 수도사로 봉사해도 좋다고 말하며 그곳이 침묵의 수도원이라는 사실을 재차 강조했다. "내가 허락할 때만 말할 수 있습니다." 5년이 지나고 수도원장은 요한에게 두 마디 말을 할 수 있다고 했다. 그는 "딱딱한 침대"라는 말을 선택했다. 수도원장은 새 침대로 바꿔 주었다. 그리고 다시 5년이 지나 두 마디 말을 할 수 있는 기회가 생겼다. 요한은 "차가운 음식"이라는 말을 선택했고 음식이 더 나아질 것이라는 답을 받았다. 그가 수도원에 들어온 지 15년이 되는 해 수도원장은 다시 두 마디를 할 수 있도록 허락했다. 요한은 "저는 그만두겠습니다."라고 말했다. 수도원장은 이렇게 대답했다. "그게 아마도 최선일 겁니다. 당신은 여기 온 이후 불평밖에 한 것이 없으니까요."[36]

이 우스운 허구의 이야기는 실제 우리의 모습을 적나라하게 보여 준다. 타락한 인간의 마음은 자연스럽게 투덜거리며 불평하고 불만을 표출한다. 십대 자녀들에게 갑자기 집안일을 시켜 보면 이런 모습은 어렵지 않게 발견할 수 있다. 이 아이들이 가장 싫어하는 성경 구절은 아마도 "모든 일을 원망과 시비가 없이 하라(빌 2:14)."는 말씀일 것 같다.

아내와 내가 아이들에게 집안일을 시킬 때 이 말씀을 자주 인용하기에 우리 아이들은 더욱 이 말씀에 반감을 갖고 있을 것이다. 바울이 명한 이 여섯 어절의 말씀은 눈에 보이는 것보다 훨씬 많은 의미를 담고 있다. 단순히 청소년기 아이들의 게으름을 혼내는 의도가 아닌 더 중요한 의미 말이다. 성경은 이런 불평을 왜 이렇게 중요하게 다룰까? 좀 사소해 보이고, 그렇게 커다란 죄도 아닌 것 같은데 말이다.

그 이유는 불평이 매우 교묘하게 작동하기 때문이다. 마치 쇼핑 카트에 묻어 있지만 보이지 않는 바이러스가 우리 몸에 들어와 독감을 일으키듯이 말이다. 또한 하나님은 불평을 싫어하시기 때문이다. 이런 사실은 출애굽한 이스라엘 백성의 끊임없는 불평에 대해 하나님이 보이신 반응으로 알 수 있다. 이스라엘 백성은 광야를 지날 때 쓴 물과 만나로만 식단을 구성한 것에 대해 원망했다. 사도 바울은 빌립보 교회에 편지하면서 이를 교훈 삼아 불평하지 말라고 한다.

또 그들은 모세의 리더십에 대해 불평했다. 이런 불평은 모든 목회자가 겪는 현실이다. 민수기 21장 4절 하반절에는 약속의 땅으로 가는 여정에 놓인 이들이 불평하는 모습을 "길로 말미암아 백성의 마음이 상하니라."고 유머러스하게 표현했다. 그들은 이집트를 떠나자마자 불평했고, 가는 내내 신음하며 불만을 쏟아 냈고, 가나안 땅에 들어가기 직전까지 불평하는 것을 멈추지 않았다.

이스라엘 백성은 만나만 먹는 상황에 대해 불평하였다(우리 마음이 이 하찮은 음식을 싫어하노라. 민 21:5). 고기를 먹지 못하는 현실에 분노했다. 광야에서 하나님과 함께하는 현재보다 이집트에서 노예로 살던 때가 더 나았다고 불만을 늘어놓았다. 모세는 이스라엘 백성에게 "너희의 원망은 우리를 향하여 함이 아니요 여호와를 향하여 함이로다(출 16:8, 15:24, 26:7-9; 민 20-21장 참조)."라고 말했다.

그들의 원망은 하나님에 대한 매우 심각한 죄였기에 주께서는 불뱀을 보내서서 그들을 물게 하셨고(민 21:6), 40년을 광야에서 떠돌아다니게 하셨다. 바울은 구약성경에 기록된 그들의 불평이 우리에게 교훈을 주기 위해 기록된 본보기라고 말한다(고전 10:11). 9절에서 바울은 불평이 "주를 시험하는” 행위라고도 말했다. 불평이 얼마나 심각한 죄악인지 알 수 있는 대목이다.

투덜대고 불평하는 말은 바울이 말한 대로 그것이 하나님을 시험하는 것이기 때문에 매우 중대한 범죄다. 불평은 내가 내 인생을 더 잘 쓸 수 있다고 말하는 것과 같다. 불평은 불만을 말로 표현하는 것이다. 불평 이면에는 이런 마음 상태가 감추어져 있다. “지금 상황이 싫고 불공평하다고 생각해. 내 인생 각본을 내가 쓸 수 있다면 훨씬 더 나아질 것이고, 훨씬 더 행복해질 거야.” 결국 불만을 토로하는 것은 교묘하게 하나님의 지혜와 통치에 의구심을 갖는 것이라고 할 수 있다.

토마스 보스턴(Thomas Boston, 스코틀랜드 장로교 목사, 1676-1732)은 “불만족이라는 지독한 죄”라는 제목의 설교에서 불평으로 이어지는 불만족은 탐욕과 같은 죄라고 말했다. 나에게 주어지지 않은 더 좋은 지역, 더 다정한 남편, 더 똑똑한 자녀, 더 나은 교회, 더 두둑한 은행 잔고 등 하나님이 기뻐하시지 않을 것을 우상숭배 수준으로 갈구한다는 것이다. 불만족은 하나님을 피고석에 세운다. 보스턴은 불만족이 영적 간음에 해당하는 중대한 죄라는 사실을 여러 이유를 들어 설명한다.

- 불만족은 하나님을 신뢰하지 않고 그분을 업신여기는 행위다.
- 불만족은 하나님의 계획에 대해 불평하는 것이다.
- 불만족은 주권자가 되고자 하는 욕구를 반영한다.
- 불만족은 하나님이 기뻐하지 않는 것을 탐하는 것이다.
- 불만족은 교묘하게(혹은 대놓고) 하나님이 실수하셨다고 말하는 것이다.
- 불만족은 하나님의 지혜를 부정하고 나의 지혜를 높이는 것이다. 이것이 에덴동산에서 벌어진 첫 번째 죄의 핵심이었다. "하나님이 참으로 그렇게 말씀하시더냐."[37]

빌립보서 2장에 나오는 말씀은 우리가 불평을 멈추면 어떤 일이 일어나는지 말해 준다. 우리는 예수님의 아름다움을 비추는 빛이 된다.

모든 일을 원망과 시비가 없이 하라 이는 너희가 흠이 없고 순전하여 어그러지고 거스르는 세대 가운데서 하나님의 흠 없는 자녀로 세상에서 그들 가운데 빛들로 나타내며(빌 2:14-15).

정죄하는 말

1970-80년대에 미국인이 가장 좋아하는 성경구절은 요한복음 3장 16절이었다. 하지만 친구해리 리더(Harry Reeder)는 2000년대에 들어와서는 "비판을 받지 아니하려거든 비판하지 말라(마 7:1)."는 말씀으로 바뀌었다고 주장하는데, 나도 이에 동의한다.

오늘날에는 정죄하는 말에 대해 부정적인 여론이 대세지만 정죄하는 말은 인류 역사와 늘 함께했었다. 성경이 보여 주는 가장 뛰어난 정죄의 모델은 욥의 세 친구들이라고 할 수 있다. 그들은 표면적으로는 인생의 폭풍을 겪은 친구를 위로하기 위해 찾아왔다. 그때 욥은 전 재산과 모든 자녀 그리고 건강까지 잃은 상태였다. 그런데 친구들은 욥이 끔찍한 죄를 지었기 때문에 벌을 받고 있는 것이라며 그를 꾸짖었다.

친구들이 처음부터 그랬던 것은 아니다. 처음 7일 동안에는 욥과 함께 침묵하며 욥의 상실에 대해 함께 아파했다. 하지만 그들이 입을 열면서 문제가 시작되었다. 그들은 욥이 거짓말쟁이이고, 회개하지 않은 가련한 사람이며, 비참한 사람이라고 정죄했다. 은밀한 죄가 너무 많아 하나님이 진 노를 쏟아 낼 수밖에 없는 자라고 하였다. 그들의 눈에 욥은 불평이 너무 많고, 징징대며, 모든 의도 가 악한 한심한 사람이었다.

소발, 빌닷, 엘리바스는 욥을 정죄했다. 마태복 음 7장 1-5절은 남을 판단하기 좋아하는 바리새인 들에게 예수님이 하신 말씀이다. 그들이 남을 헤 아리는 그 헤아림으로 그들도 헤아림을 받을 것이 다. 그런 다음 예수님은 그들이 절대 잊어버릴 수 없도록 비유를 통해 가르침을 주신다. 다른 사람 의 마음을 정확하게 평가할 수 있다고 생각하는 것은 매우 어리석은 일이다.

어찌하여 형제의 눈 속에 있는 티는 보고 네 눈 속에 있는 들보는 깨닫지 못하느냐 보라 네 눈 속에 들보가 있는데 어찌하여 형제에게 말하기를 나로 네 눈 속에 있는 티를 빼게 하라 하겠느냐 외식하는 자여 먼저 네 눈 속에서 들보를 빼어라 그 후에야 밝히 보고 형제의 눈 속에서 티를 빼리라(마 7:3-5).

우리는 불확실한 일을 마치 사실인 양 단정적 으로 말할 때가 있는데, 이때 우리는 정죄하는 말을 하게 된다. 정죄하는 말은 대부분 화를 낼 때 나오기 때문에 화내는 말의 한 형태로 분류할 수 있다. 하지만 정죄하는 말은 교묘하게 쓰이기도 한다. "나는 네가 나를 왜 파티에 초대하지 않았는지 알아. 넌 나를 좋아하지 않고 나와 친해지고 싶지도 않은 거야." 이런 말도 정죄에 속한다. 상대방이 당신을 초대하지 않은 이유를 잘 모르는데도, 이렇게 말했다는 점이 핵심이다. 그리고 십대 딸이 거짓말하고 있다는 증거도 없으면서 "너 지금 거짓말하고 있는 거 알아. 넌 항상 거짓말을 했었으니까."라고 말하는 것도 마찬가지다.

"왜 저를 파티에 초대하지 않으셨나요? 내가 당신을 화나게 하거나 잘못한 일이 있나요?"라고 정중하게 물어보았어야 했다. 그리고 거짓말을 하는 것으로 의심되는 딸에게는 "나는 네가 엄마한테 거짓말하지 않을 거라고 생각해. 사실대로 말하고 있는 거지?"라고 물어볼 수도 있다. 이런 식으로 말한다면 상대방의 잘못에 대해 정죄하는 것을 피하면서 서로 존중하는 대화를 이어 나갈 수 있다.

우리도 욥의 친구들과 같은 문제를 가지고 있다. 우리는 전지전능하지 않아서 다른 사람의 생각과 의도를 알 수 없지만 전지전능함을 갈망하기 때문에 다른 사람을 정죄하는 경향이 있다.

7. 욕설

나는 젊었을 때 신문 기자로 일한 적이 있는데, 입사 초기에는 전 직원 중에서 가장 입이 험했을지도 모른다. 안타깝게도 그 시절 나는 하나님과의 관계가 소원해져 있었다. 내 경험에 비추어 볼 때, 기자들은 욕설을 사용하는 방식에 대해 자부심이 있는 것 같다. 전 직장 동료는 가장 다채로운 욕을 남발하는 편집장을 "욕설의 파가니니"[38]라고 불렀다. 다른 분야에서는 모르겠지만 언론계에서는 존경을 표하는 말이다.

내가 한참 야구를 하던 시절 심판에게 욕을 퍼부은 일로 세 번이나 경기에서 퇴장당했다. 나는 야구를 하면서 자랐다. 그래서 야구 선수들이 욕을 하는 것은 투수가 커브를 던지거나 타자가 도루를 하는 것처럼 경기의 일부라고 말하며 스스로를 합리화했다. 물론 그때도 나는 그리스도인이라고 자부하고 있었다.

수십 년이 지난 지금에 와서는 그 당시 내 언행이 무척 부끄럽다. 스스로 그리스도인이라고 자처하면서도 욕설을 내뱉음으로 성령님을 근심하게 하고, 그리스도의 이름을 부끄럽게 만들었다. 그러나 감사하게도 그리스도가 내 마음을 바꾸셨고 내 입술에 새로운 말을 넣어 주셨다.

그럼 여기서 한 가지 질문을 해 보겠다. "그리스도인이 욕을 해도 괜찮을까?"

2000년대 초반 개혁주의 기독교인들 사이에서는 욕설 사용에 대한 흥미로운 대화가 오갔다. '욕쟁이 설교자'라고 불리는 한 목사님에 대한 것이었다. 논쟁 중에 일부 사람들은 사도 바울을 저주하는 설교자라고 묘사하면서 욕설을 전략적으로 사용하는 사례를 제시하기도 했다.[39]

하지만 우리가 성경 말씀에 조금이라도 순종하려는 마음이 있다면 이런 논쟁은 불필요하다. 에베소서 4장 29절에 나오는 바울의 말을 다시 한번 생각해 보라. "무릇 더러운 말은 너희 입 밖에도 내지 말고 오직 덕을 세우는 데 소용되는 대로 선한 말을 하여 듣는 자들에게 은혜를 끼치게 하라."

이 구절에서 "더러운"이라고 번역된 헬라어

'사프로스'를 직역하면 '부패한'이라는 뜻이다. 이 구절 자체로 그리스도인이 욕을 해도 되는지에 대한 질문의 답이 될 것이다. 이어지는 바울의 말을 좀 더 살펴보자. "하나님의 성령을 근심하게 하지 말라 그 안에서 너희가 구원의 날까지 인치심을 받았느니라(엡 4:30)."

바울의 추론은 이런 의미다. 그리스도인이 더러운 말을 사용할 때 우리 안에 내주하시는 성령 하나님을 근심하게 한다는 것이다. 이어지는 31절에서 바울은 성령을 근심하게 하고 분열을 초래하는 말들을 언급한다. "너희는 모든 악독과 노함과 분냄과 떠드는 것과 비방하는 것을 모든 악의와 함께 버리고(엡 4:31)." 비방하는 말과 험담뿐만 아니라 악독한 말과 욕설은 우리 안에 내주하시는 성령님을 근심하게 하고 거룩하신 하나님과의 교제를 방해한다.

그러므로 그리스도인들은 이런 언어 사용을 자제해야 하고, 특히 그 말이 하나님의 이름과 관련된 것이라면 더더욱 삼가야 한다. 하나님의 이름을 함부로 부르는 것에 대해서는 제3계명이 분명하게 말한다. "너는 네 하나님 여호와의 이름을 망령되게 부르지 말라 여호와는 그의 이름을 망령되게 부르는 자를 죄 없다 하지 아니하리라(출 20:7)." 토마스 왓슨(Thomas Watson)은 하나님의 이름으로 욕을 한다거나 다른 사람(또는 무생물)을 저주하는 것은 신성모독과 같다고 경고한다.[40]

바울 역시 에베소서 5장 4절에서 욕설 사용을 직접적으로 금지하는 듯한 명령을 한다. "누추함과 어리석은 말이나 희롱의 말이 마땅치 아니하니 오히려 감사하는 말을 하라."

바울은 이에 앞서 3절에서 성도라면 마땅히 음행과 온갖 더러운 것과 탐욕을 "그 이름조차도 부르지 말라"고 명했다. 이 구절에 대해 몇몇 주석가들은 바울이 여기에서 성적 부도덕과 관련된 저속한 말들을 염두에 두고 한 명령이라고 볼 수도 있다고 말한다. 이어지는 4절에서 바울은 성도들에게 저속하고 공격적인 말 대신 감사하는 말을 하라고 권면한다. 그리스도를 따르는 자들에게 적합하지 않은 말은 어떤 것일까? 더럽고 어리석은 말이다. 그렇다면 가장 적합한 말은 무엇일까? 그리스도 안에서 우리가 받은 은혜와 자비에 대해 감사하는 말이다.

마태복음 12장에서 예수님이 하신 말씀(이는 마음에 가득한 것을 입으로 말함이라.)에 비추어 우리의 말을 살펴보자. 만일 우리가 입으로 욕설을 뱉는다면, 그것은 우리 마음에 무엇이 가득하다는 의미일까? 더 온화하고 건전한 말이 있는데도 우리가 욕설을 사용해서 표현하는 이유는 무엇인가? 만일 우리가 욕설을 자주 사용하고 있다면, 먼저 우리 마음을 살피고 어떤 죄가 그 속에서 부글부글 끓어올라 그렇게 거친 말로 나오는지 보여 달라고 하나님께 간구해야 한다.

그리스도인으로서 저속한 말을 사용한다면 세상에서 그리스도의 이름에 먹칠을 하게 된다. 반면에 감사의 말을 할 때 우리의 신앙과 그리스도를 설득력 있게 증언하게 될 것이다. 물론 분명하고 단호하게 말해야 할 상황도 있을 것이다. 그럴 때에도 욕설보다 더 좋은 말이 분명히 있다.

에릭 레이몬드(Erik Raymond)는 더러운 말 외에도 하나님의 빛을 가리는 말이 있다고 한다. 하나님의 진노를 사는 말에 욕설이나 하나님의 이름을 망령되이 부르는 것만 있는 것은 아니다. 그리스도인이 '운'이나 '운명' 같은 말을 사용할 때 사람들은 하나님과 그분의 주권에 대해 오해하게 된다. 운과 운명은 "그리스도인들이 없애야 할 글자다. 이런 말은 성경적이지 않고 무신론적이다. 운은 생각지도 못한 무작위적인 일을 의미하고, 운명은 목적 없이 일어나는 일의 필연성을 설명한다. 둘 다 맹목적이고 비인격적이다. ⋯ 이런 말은 하나님의 섭리라는 성경의 핵심 교리를 훼손하기 때문에 그리스도인들에게는 욕설과 같다고 할 수 있다."[41] 그렇기에 하나님과 우리 안에서 그리고 세상에서 하나님의 일하심에 대해 말할 때 주의를 기울여야 한다.

8. 경솔한 말

"입이 가벼우면 화를 부른다."는 속담은 진부한 표현이기는 하지만 그 안에 많은 진리가 담겨 있다. 이와 비슷한 말을 여러 번 들었지만 잠언 기자는 신자들에게 더 냉철하게 이야기한다. "말이 많으면 허물을 면하기 어려우나(잠 10:19a)." 그래도 우리는 말하고 또 말한다. 그리고 나처럼 말을 많이 하는 사람이 신중하고 현명하게 말을 선택하는 법을 배우지 않으면 심각한 위험에 처할 수 있다.

데이비드 폴리슨(David Powlison)이 "쉴새 없이 떠드는 사람"[42]이라고 묘사한 사람을 우리는 몇 명

정도는 알고 있을 것이다(자기 자신이 그중에 한 명일 수도). 보통 사람이 하루 평균 이만 단어를 사용한다면 쉴 새 없이 떠드는 사람은 그것보다 두세 배는 많이 말할 것이다. 이들이 지혜롭게 말할 수만 있다면 괜찮을 수도 있지만, 쉴 새 없이 떠드는 많은 그리스도인들이 매우 경솔하게 말한다는 것을 알고 있다. 그들의 혀에는 필터가 없어서 자신이 하는 말에 별다른 주의를 기울이지 않는다.

내가 부임했었던 교회의 한 성도는 "있는 그대로 말한다."라는 신조를 가지고 있었다. 당시 교회에 시무하던 두 부목사님의 사모님들에 대해 그녀가 나쁜 말을 퍼뜨린 문제로 면담을 했었다. 그때 그녀는 이렇게 말했다. "하나님이 저를 이렇게 만드셨어요. 저는 그냥 말이 많을 뿐이고, 사람들이 듣기 싫어하는 말을 할 뿐이에요." 우리 회중들은 그녀의 말로 인해 적지 않은 어려움을 겪었고, 나는 그녀와 자주 면담을 해야 했다. 솔로몬이 잠언에서 말한 내용과 일치되는 상황이다.

미련한 자는 명철을 기뻐하지 아니하고 자기의 의사를 드러내기만 기뻐하느니라(잠 18:2).

우리 중에 누구도 자신의 행동이 이런 말씀으로 묘사되기를 원하지 않을 것이다. 하지만 별 생각 없이 어떤 말을 했는데, 나중에서야 그것이 그리스도인으로서는 해서는 안 되는 말이었다는 것을 깨닫는 경우가 종종 있지 않은가? 무심코 누군가에 대해 험담을 하거나 다른 교인들을 모함하거나 목회자를 부당하게 정죄했다가 나중에서야 반성하고 깨닫게 되는 일들 말이다. 아니면 아예 깨닫지 못하게 되는 경우도 있을 수 있다.

솔직히 우리는 다 이런 경험이 있다. 나는 최근에 나름 유머 있게 말한답시고 어떤 사람에 대한 부적절한 이야기를 친구에게 한 적이 있다. 다음 날 친구에게 했던 말을 곰곰이 생각해 보니 그 말이 옹졸하고 그 사람에게 상처를 준다는 걸 깨달았다. 그래서 그 친구에게 전화를 걸어 그런 어리석은 말을 한 것에 대해 사과했다. 이런 일이 바로 말이 많아서 생기는 실수다.

말이 많고, 실수도 많은 내가 수년 전에 성숙하고 현명한 신자들에게 배운 최고의 교훈 중 하나는 간단해 보이지만 매우 깊은 의미를 지니고 있다. 그 교훈은 말하기 전에 먼저 생각하라는 것이다. 우리는 말하기 전에 먼저 우리가 하는 말의 무

게를 달아 보자. 그리고 말하기 전에 이런 질문을
던져 보라.

"지금 하려는 말이 다른 사람을 세우는가,
무너뜨리는가?"

"이 말이 다른 사람을 격려하는가, 낙담시키는가?"

"이 말을 통해 하나님이 영광 받으실 만한가?"

"하나님은 내가 하는 모든 말을 다 들으시는데, 내가
이 말을 한다면 하나님 앞에서 부끄럽지 않을까?"

"어색한 분위기가 싫어서 그냥 떠드는 것은 아닌가?"

"지금 하려는 말에 선한 목적이 있는가?"

"내 중심으로 대화를 이끌어 가기 위해 말하고 있지는
않은가?"

　　하나님께 이러한 방식으로 대화할 수 있도록
도와 달라고 간구하면 성령님이 하나님을 영화롭
게 하며 다른 사람을 중심으로 대화하는 사람으로
성장하도록 도와주실 것이다.

말에 실수가 많은 사람에게도 소망이 있는가?

지금까지 다룬 내용만 보자면 나쁜 소식만 잔뜩 쌓여 있는 것 같다. 예수님은 우리가 하는 말을 통해 의롭다 함을 받기도 하고 정죄를 받기도 한다고 말씀하셨다. 또 험담과 모함부터 거짓말과 경솔한 말까지 말로 죄를 짓는 여러 방법을 살펴보았다. 이제는 복음이 우리의 죄악된 말을 변화시켜 은혜와 진리를 전하는 말을 할 수 있게 해 준다는 사실을 배울 차례다.

무릇 더러운 말은 너희 입 밖에도 내지 말고
오직 덕을 세우는 데 소용되는 대로 선한 말을
하여 듣는 자들에게 은혜를 끼치게 하라(엡 4:29).

4장

말로 사람을
살릴 수 있다

경우에 합당한 말은 아로새긴 은 쟁반에 금
사과니라(잠 25:11).

오늘 밤 슬픔에 잠긴 모든 사람들, 세상이 산산조각
났다고 느끼는 모든 아이들, 안전과 안보가 위협받고
있다고 느끼는 모든 이들을 위해 여러분께서 기도해
주실 것을 부탁드립니다. "내가 사망의 음침한
골짜기로 다닐지라도 해를 두려워하지 않을 것은
주께서 나와 함께 하심이라."라는 시편 23편 말씀처럼
인간이 범접할 수 없는 권능을 가지신 주께서 이들의
아픔을 위로해 주시기를 나 역시 기도할 것입니다.

_2001년 9월 11일 저녁, 미국 조지 W. 부시 대통령의 연설

"성직자입니까?" 경찰관이 물었다. "네, 목사입니다."라고 대답했다. "그럼 저와 함께 가 주시겠습니까? 당신의 도움이 필요합니다. 목사가 되신지는 얼마나 되셨습니까?" 그가 어떤 도움을 필요로 하는지는 확실하지 않았지만 평범한 요청은 아닌 것 같았고 평범한 상황도 아니었다. "네, 그렇게 하겠습니다. 전임 목사가 된 지는 2주 정도 되었습니다."

그는 눈썹을 치켜 올리며 말했다. "아, 그렇군요. 곧 힘든 경험을 하게 될 것입니다."

3일 전, 미국 역사상 최악의 토네이도가 여기 엘라배마 중부를 휩쓸고 지나갔다. 그리고 그보다 2주 앞서 나는 이 지역의 한 교회에서 목사로 섬기라는 하나님의 부르심을 따라 온 가족을 이끌고 이사를 왔다.

EF 5등급(5등급은 견고하게 지어진 집조차 바닥재와 바닥판만 남고 완전히 휩쓸려 날아가는 피해를 볼 수 있고, 지하실 역시 안전을 절대 보장할 수 없다._옮긴이)의 폭풍이 버밍엄 북쪽 지역을 초토화시켰고, 우리 팀은 그곳에서 복구 작업을 돕고 있었다.

경찰관은 한때 창고로 쓰였던 작은 빌딩으로 나를 데리고 갔다. 그곳은 그 마을에 남아 있는 몇

안 되는 건물 중 하나였고, 현재는 구조 및 복구 작업을 위한 임시 본부 사무실로 쓰이고 있었다. 낡아 빠진 테이블에는 노부부 두 쌍이 앉아 있었다. 내가 겪게 될 '힘든 경험'은 노부부들에게 한 가지 소식을 전하는 것이었다. 폭풍이 직접적으로 그들의 자녀들의 집을 강타하면서 깔대기 모양의 바람 기둥이 아들이자 사위, 그리고 두 어린 손주들을 휩쓸어 버리는 바람에 그들 모두 사망했다는 소식이었다.

신학교에서는 이런 일을 다루는 법을 배우지 못했다.

경찰관은 나를 이 지역 침례교회 목사로 소개했고, 그들에게 전할 말이 있어서 왔다고 말하고는 곧장 사라져 버렸다. 그 방에는 나와 90초 전에 처음 만난 네 사람만 남았다.

목사가 전할 말이 있어서 왔다는 것만으로도 그들은 어렴풋이 어떤 소식을 듣게 될지 짐작할 수 있었을 것이다. 그들을 바라보는 내 눈에서는 눈물이 흐르고 입술은 바싹바싹 말랐다. 더듬더듬 경찰관이 전해 달라고 한 내용을 말했다. 네 분 모두 깊고 쓰라린 눈물을 흘렸다. 나는 침묵 속에서 그들과 함께 울었다. 전임 목사가 되자마자 이런 일을 맡게 되어 부담이 컸다. 마치 월드시리즈 7차 전에서 투구하는 신인 투수가 된 심정이었다.

그중 한 분이 질문을 던질 때까지 나는 아무 말도 할 수 없었다. "목사님, 이런 일이 일어나도록 허락하신 하나님에 대해 우리가 어떻게 생각해야 합니까? 우리뿐만 아니라 이 수많은 사람들에게요. 우리를 위로할 하나님이 있기는 한 겁니까?"

그날 앨라배마에서 토네이도로 사망한 피해자는 263명이었다. 그중 가장 강한 바람이 이분들의 자녀들을 쓸어버렸다. 딸이자 며느리 그리고 또 다른 손주의 시신은 이미 수습되었기에 이들 일가족은 이 태풍으로 일시에 모두 사망하게 된 것이다. 이 엄청난 대재앙 앞에서 어떤 말로 위로를 전할 수 있을까?

나는 몇 초 동안 멈춰 서서 덜덜 떨리는 손을 붙잡고 가능한 모든 답변을 떠올렸다. 상처받은 사람들을 위해 함께 있어 주는 것만으로도 정신적 지지가 가능하다는 것은 알고 있었다. 하지만 지금 이 상처받은 사람들은 답을 기다리고 있었기에 나는 무슨 말이라도 해야 했다. 나는 성령께서 주시는 마음을 이해할 수 있는 말로 바꾸어 말하는 것을 선택했고 천천히 조심스럽게 입을 열었다.

"왜 이런 일이 일어났는지 저도 잘 모르겠습니다. 주님이 삶에서 일어나는 비극적인 일에 대해서 항상 이유를 설명해 주시지는 않기 때문입니다. 하지만 이런 일을 허락하신 하나님이 어떤 분이신지는 확실히 압니다. 성경이 증거하는 대로 하나님은 이 세상을 다스리시고 선하시고 의로우시며 인자하신 분입니다. 우리가 도무지 이해할 수 없는 현실 앞에서도 온전히 의지할 수 있는 분입니다. 지금과 같은 어두운 시대에 우리 곁에 함께 계시는 위로의 하나님입니다. 그분은 자녀를 잃은 부모의 심정이 어떤 것인지 깊이 알고 계십니다. 자신의 아들을 토네이도와 사망의 위협에 시달리는 타락한 세상의 구세주로 보내셨기 때문입니다."

나는 그들과 함께 기도했고 한 사람씩 눈물을 흘리며 안아 주었다. 그리고 열심히 복구작업을 하고 있던 교회 사람들과 합류해서 여러 명의 사망자가 발생한 현장으로 나갔다. 그날 내내, 그 후 몇 주 동안 내가 과연 그들에게 조금이라도 위로가 되었는지 궁금했다. 짧지만 강렬했던 만남 이후에 내가 드린 기도는 더듬거리며 전한 하나님의 말씀이 그 가족들이 살면서 가장 암울했을 그날을 치유하는 작은 빛으로 사용해 달라는 것이었다. 말은 확실히 사람을 죽이기도 하지만 치유할 수도 있다.

□

은혜로운 말은 생명의 말

2장과 3장에서 살펴본 것처럼 성경은 우리 혀가 얼마나 죄악된 것인지, 얼마나 자주 상처를 입히고 죽이는 칼로 사용되는지에 대한 경고로 가득 차 있다. 하지만 그리스도를 따르는 우리가 말을 꼭 그런 식으로 사용해야 하는 것은 아니다. 근본적으로 하나님의 말씀은 좋은 소식이다. 하나님은 하나님의 형상대로 우리를 창조하셨지만 우리는 타락하여 죽게 되었고, 죄와 어둠의 포로가 되었다.

그러나 이제 그리스도 안에서 하나님의 은혜로 구원받았기에 우리의 말은 복음이 선포하는 좋은 소식을 담을 수 있게 되었다. 사도 바울은 이미 살펴봤던 에베소서 4장 29절에서 이에 대해 이야기한다. 이 구절은 지난 몇 년 동안 말과 관련된 죄와 씨름하는 나에게 주신 핵심 구절이었다. "무릇 더러운 말은 너희 입 밖에도 내지 말고 오직 덕을 세우는 데 소용되는 대로 선한 말을 하여 듣는 자들에게 은혜를 끼치게 하라."

우리의 말은 분명 파괴적이다. 그러나 생명을 주는 잠재력 또한 가지고 있다. 앨라배마에서 나는 치유하시는 하나님의 말씀을 인용하여 복음의 위로를 전하고자 했다. 이슬람 테러리스트들이 자행한 9·11 테러로 뉴욕, 펜실베니아, 워싱턴에서 수천 명의 미국인이 희생당했다. 당일 저녁, 조지 W. 부시 대통령은 슬픔에 잠긴 국민들을 위로하고자 했다. 그는 시편 23편을 인용하여 하나님께 이 나라에 자비의 강물이 흐르게 해 달라고 간청했다. 불안에 떨고 있는 국민들을 말로 위로하고자 했다. 우리는 그리스도인으로서 목사든, 평신도든 모두 그렇게 하도록 부름 받았다.

위로하는 말은 복음의 말이다. 에베소서 4장 29절에서 바울은 에베소 교회에 혀를 사용하여 나쁜 소식을 전하지 말고 복음에 합당한 말, 즉 치유하는 말, 은혜로운 말을 하라고 한다. 말에 실수가 많은 우리에게 소망이 있는가? 그렇다. 에베소서의 전체 흐름 가운데 4장 29절을 살펴보면 우리의 말이 변화될 수 있다는 소망을 가지게 된다.

바울은 에베소서 1-3장에서 교리를 설명한 다음 4장 1절에서는 앞에서 설명한 교리에 대한 실제적 적용을 위한 장으로 전환한다. 그리고는 복음의 빛 안에서 그리스도인이 어떻게 살아야 하는지를 바르게 정립한다.

그러므로 주 안에서 갇힌 내가 너희를 권하노니
너희가 부르심을 받은 일에 합당하게 행하여(엡 4:1).

바울이 신자들에게 부르심 받은 일에 합당하게 행하라는 권고는 4장 1절 이하에 나오는 모든 일에 다 적용된다. 당연히 어떻게 말해야 하는지 이야기하는 29절도 포함된다. 하지만 타락한 죄인이 어떻게 다른 사람을 세우는 방식으로 말할 수 있을까? 그 근거가 바로 에베소서 1-3장에서 다룬 교리에 들어 있다. 1장에서는 그리스도인들이 그리스도 안에서 누리는 모든 영적 축복에 대해 이야기한다. 즉 그리스도인은 선택받았고(1:4, 11), 하나님의 자녀가 되었으며(1:5), 모든 죄를 사함 받았고(1:7b), 영원한 기업이 되었으며(1:11), 믿음으로 의롭게 되고 모든 믿는 이들 안에 거하시는 성령으로 인치심을 받았다(1:13-14).

2장에서는 오직 그리스도를 믿음으로 말미암아 은혜로 구원받기 전, 허물과 죄로 죽었고 세상 풍조를 따르며 공중의 권세 잡은 자를 따랐던 우리의 옛 모습을 조명한다(2:8). 이어서 교회의 연합에 대해 설명하고, 3장에서 그리스도와의 연합의 실제적인 함의를 설명한다. 요약하자면 예수 그리스도의 죽음과 부활로 말미암아 구원받은 그리스도인들에게는 성령께서 내주하시기 때문에 이제 복음에 합당한 방식으로 살아갈 수 있게 되었다는 것이다.

복음은 우리 안에 내주하시는 성령으로 인해 우리 혀는 더 이상 죄와 사망에게 사로잡히지 않게 되었다고 선포한다. 이제 우리는 3장에서 논했던 모든 형태의 죄악된 말의 노예가 아니다. 이제 우리는 자유롭게 말을 사용해서 누군가를 치유하고, 복음을 선포하며, 용기를 북돋아 줄 수 있게 되었다. 이러한 생명의 말이 그리스도 안에서 주어진 새로운 삶과 어울린다. 새로운 마음은 곧 새로운 입술을 의미한다.

에베소서 4장 29절은 이제 어떻게 말해야 하는지, 어떻게 죽음의 말을 삼가고 생명의 말을 시작할 수 있는지 안내한다. 생명의 말은 복음의 아름다움을 반영한다. 누군가를 위로하고, 사려 깊으며, 다른 사람을 배려하고, 적절한 때에 서로를 격려하며 세워 준다.

□

복음의 아름다움을 담아내는 생명의 말

"하나님이 죄를 알지도 못하신 이를 우리를 대신하여 죄로 삼으신 것은 우리로 하여금 그 안에서 하나님의 의가 되게 하려 하심이라(고후 5:21)." 이보다 더 아름다운 말이 있을까! 성경에서 복음을 가장 함축적으로 표현한 말씀이 이 구절일 것이다. 죄를 알지도 못한 구세주가 우리 죄를 감당하시고 우리에게 자신의 의를 주셨다. 놀랍고도 은혜로운 말씀이 아닐 수 없다. 이 말씀은 성도들에게 서로의 마음에 칼을 들이대는 말 대신 그 자리에 은혜와 생명을 불어넣는 말로 채우게 한다.

바울은 골로새서 4장 6절에서 말을 어떻게 사용해야 하는지 이야기해 준다. "너희 말을 항상 은혜 가운데서 소금으로 맛을 냄과 같이 하라 그리하면 각 사람에게 마땅히 대답할 것을 알리라." 은혜로운 말은 내용뿐 아니라 어조에서도 하나님의 자비로 변화된 마음을 드러낸다. 은혜로운 말은 소금과 빛이 되라는 그리스도의 부르심(마 5:13-16)에 걸맞게 지혜롭고 매력적인 '짠맛'을 낸다. 이 말씀은 전도할 때만 염두에 두어야 하는 말씀이 아니다. 존 칼빈(John Calvin)은 다음과 같이 말한다.

[바울은] 공개적으로 사악하거나
불경스러운 의사소통뿐만 아니라
무가치하고 게으른 소통도 비난하며
유익함으로 듣는 사람의 관심을 끌도록
상냥한 태도로 말할 것을 요구한다.
그러므로 바울은 소금으로 맛을 내라고 명했고 …
[바울은] 교화하지 않은 모든 것을 맛없는 것으로
여겼기 때문이다.[43]

　생명의 말은 어떻게 복음을 보여 주는가? 복음의 핵심은 그리스도의 이타성이다. 그분은 자기 백성이 생명을 얻을 수 있도록 자신의 생명을 내려놓으셨다. 이와 같이 생명의 말은 이타적으로 다른 사람을 세우고 중심에 둠으로 복음을 담아낸다.

은혜로운 말은 타인 중심적

복음은 우리를 자기애에서 벗어나게 하고 다른 사람을 사랑할 수 있도록 동기를 부여한다. 따라서 은혜로운 말은 본질적으로 타인 중심적이다. 하나님의 부르심은 우리로 하여금 겸손하게 한다. 겸손한 사람은 다른 사람을 위해 넓은 자리를 마련한다. 다른 사람과 대화할 때 얼마나 많은 부분을 자신에게 초점을 맞추고 있는가? 얼마나 자주 상대방이 하는 말을 반쯤은 듣고 반쯤은 흘리면서, 내 차례에 할 말을 생각하며 말할 기회가 오기만을 기다리는가? 만일 우리가 긴 시간 상대방의 독백을 듣게 된다면, 인기 가수 토비 키스(Toby Keith)가 수다스러운 여자 친구를 생각하며 부른 히트곡 "내 이야기 좀 하고 싶어"의 가사에 공감할 수 있을 것이다.

우리는 네 꿈에 대해 이야기하고
네 계획에 대해서도 말하지
네 고등학교 팀과 수분 크림에 대해 이야기해
인디애나주 먼시에 사는
네 외할머니에 대해 이야기하고

앨라배마에 계신 할머니 이야기도 해

네가 얘기하면 내가 미소 짓는 거 알잖아

하지만 가끔은

내 이야기도 좀 하고 싶어

나에 대해 말하고 싶어

내가 가장 좋아하는 것에 대해서 이야기하고 싶어

내가 무슨 생각을 하는지, 뭘 좋아하는지,

뭘 알고 있는지, 뭘 원하는지, 요즘은 뭘 보는지

보통은 너, 너, 너에 대한 이야기를 듣는 것도 좋아

하지만 가끔은 내 이야기도 좀 하고 싶어

나에 대해 말하고 싶어

물론 나도 나에 대해 이야기하는 것을 좋아한다. 하지만 바울은 우리가 말로 다른 이들을 세우고 이웃을 사랑하라고 말한다. 자신에 대해 끊임없이 말하는 것은 다른 사람을 무시하는 일이 될 수 있다. 예수님은 다른 사람을 편안하게 만드는 방식으로 말씀하셨다. 요한복음 4장에서 사마리아 여인은 자신의 죄 많은 삶에 대해 말할 때도 주님과 편안하게 이야기를 나누는 것처럼 보였다. 예수님과 여인이 나눈 대화는 대부분 예수님이 여인에 대해 질문하셨기에 여인에 관한 것들로 채워졌다.

고린도후서 5장 15절에서 바울은 그리스도가 우리를 자기중심적인 삶에서 자유하게 하셨다고 말한다. "그가 모든 사람을 대신하여 죽으심은 살아 있는 자들로 하여금 다시는 그들 자신을 위하여 살지 않고 오직 그들을 대신하여 죽었다가 다시 살아나신 이를 위하여 살게 하려 함이라." 내 생각, 욕망, 삶, 꿈, 과거, 현재, 미래 등 자신에 관한 말만 가득한 대화는 은혜 중심의 대화가 될 수 없다.

언젠가 아내는 교회의 한 성도와 친분을 쌓으려고 시도했는데, 생각대로 잘 되지 않았다. 아내가 "가족분들은 잘 지내시나요?"라고 물으면 그녀는 "네, 잘 지내요."라고 대답했다. 그럼 아내는 아이들에 대해 물었고, 그 성도는 자기 가족과 자신에 대해 정보를 주는 것으로 말을 끝냈다. 아내와 여러 번 만나 커피를 마셨지만 그녀는 아내에게 단 한 번도 가족이나 신앙 배경, 어떻게 믿음을 갖게 되었는지 등 개인적인 질문을 하지 않았다.

아내는 그녀에 대해 많은 것을 알게 되었지만, 그것은 대화가 아니라 그녀의 독백을 듣는 자리였다. 아내는 결국 그 관계를 유지하는 것을 포기했다. 아내의 이야기를 할 수 없어서가 아니라 그 관계가 일방적으로만 이루어졌기 때문이다. 진정한 관계가 싹트고 번성하기에는 소통의 토양이 너무 얕았다.

온 우주의 주인이신 예수 그리스도는 사람들을 만날 때마다 그들에게 질문하셨다. 제자들도 마찬가지다. 그분의 대화는 일방적이지 않았다. 자기중심적인 말을 쏟아 내면서 다른 사람을 좌지우지하지 않았다. 예수님은 질문하셨고 귀 기울여 들으셨다. 우리도 하나님의 은혜를 따라 온전한 방식으로 소통하려면 이렇게 해야 한다.

가능하다면 대화를 통해 다른 사람에게 도움을 주어야 한다. 사려 깊게 사적인 질문을 하되 귀 기울여 듣자.

은혜로운 말로 위로하기

이 세상을 살아갈 때 정말 많이 필요하지만 좀처럼 찾아보기 힘든 재화 중에 하나가 위로다. 그러나 하나님의 사람들 사이에서는 이 위로가 더욱 풍성해져야 한다. 바울은 고린도후서 1장 4절에서 모든 위로의 하나님을 이렇게 소개한다.

우리의 모든 환난 중에서 우리를 위로하사 우리로 하여금 하나님께 받는 위로로써 모든 환난 중에 있는 자들을 능히 위로하게 하시는 이시로다(고후 1:4).

하나님의 사람들은 서로 위로하라고 부름 받았다. 여기에는 말로 위로하는 것도 포함된다. 토네이도로 상상할 수 없는 상실감과 비통에 빠진 가족들을 만나 내가 전하려고 했던 것이 위로의 말이었다.

1999년 가을에 아내는 임신 5개월째에 우리의 첫 아들을 유산했다. 이때까지 나는 주위에 유산과 불임으로 고통받는 많은 가정의 심정에 공감하지 못했다. 우리는 아기 이름을 먼 친척이자 야구계의 전설이었던 브룩스 로빈슨이라고 지으려고 했다. 하나님이 그 아이에게 브룩스 로빈슨과 같은 야구 유전자를 주시기를 소원하는 마음에서였다. 그런데 그 이후 놀랍게도 우리 주위에 있는 많은 친구들이 우리와 비슷한 경험을 하고는 우리에게 조언과 위로를 받으러 찾아왔다.

나는 처음 목회를 시작하고 3년이 되기까지 힘들게 사역하는 동료 목회자들과 진정으로 공감할 수 없었다. 그때까지 나는 청교도, 스펄전, 코리 텐 붐(Corrie Ten Boom) 등을 언급하며 개혁주의자처럼 들리는 말들을 늘어놓았다. 우리의 과거 성도들도 고통을 겪었으니 우리도 그러해야 한다고 진부하게 말하는 것이 최선이었다. 그때까지 나는 내가 한 말이 무슨 의미인지 몰랐다.

성경은 그 자체로 상처를 낫게 하는 연고가 된다. 예를 들어 시편은 23편, 37편, 112편을 포함해 수십 곳에서 위로하는 말에 대한 강력한 신학적 토대를 제공한다. 예수님은 예수님 자신의 죽음과 부활, 승천이 다가올 때 "세상에서는 너희가 환난을 당하나 담대하라 내가 세상을 이기었노라(요 16:33)."고 말씀하시며 제자들을 위로하셨다.

엘리바스는 욥이 하나님을 두려워하지 않는 모습을 보이는 그것이 바로 죄라고 지적했다. 그러자 욥은 결코 위로하고자 하는 마음이 없는 친구들의 태도에 진저리를 치며 "이런 말은 내가 많이 들었나니 너희는 다 재난을 주는 위로자들이로구나(욥 16:2)."라고 결론을 내린다. 때때로 우리는 옳은 말을 잘못된 때에 잘못된 방식으로 말하곤 한다. 이미 보았듯이 욥의 친구들이야말로 성경에 나온 완전한 신학을 잘못된 시기에 잘못된 방식으로 적용한 가장 좋은 예라고 할 수 있다.

특히 데만 사람 엘리바스는 죄에 대한 올바른 신학적 이해를 가지고 있었지만 그것을 적용하는 과정에서 친구 욥에게 괴로움만 더해 주었다. "부르심을 받을 일에 합당하게 행하(엡 4:1)"는 차원에서 바울은 다른 사람을 무너뜨리는 "더러운 말"을 정죄한다. 대신에 그리스도인은 다른 사람을 세우는 데 힘써야 한다. "무릇 더러운 말은 너희 입 밖에도 내지 말고 오직 덕을 세우는 데 소용되는 대로 선한 말을 하여 듣는 자들에게 은혜를 끼치게 하라(엡 4:29)." 어떻게 다른 사람을 세워 줄 수 있는가? 격려하고 권면하고 바로잡고 위로하는 말을 상황에 맞게 사용함으로 그들을 세울 수 있다.

앨라배마 토네이도 사태 이후 남겨진 가족들에게 이런 위로의 말이 필요했다. 최근에 한 교회에서 충실하게 사역하고 있는 한 목회자 친구에게 전화가 왔다. 그는 너무 화가 나서 목회를 그만두겠다고 이야기했다. 두 시간의 긴 대화를 통해 그 친구는 자신이 그만두고 싶었던 마음이 잘못된 기대와 위로 받고 싶은 욕망에서 비롯된 것임을 깨달았다. 처음에 전화를 받았을 때는 이런 사정을 몰랐었다. 하지만 그의 상황에 대해 이야기하고, 말씀을 적용하고, 사랑과 은혜의 말로 그의 마음과 생각을 진정시키려고 노력했다. 그러자 그가 그만두려고 했던 이유에는 여러 가지 마음이 혼재되어 있음을 깨닫게 되었다. 지금도 그는 여전히 그 교회의 목사로 남아 있다. 그에게는 격려와 권면, 은혜로운 말이 필요했던 것이다.

은혜로운 말은 아부와는 다르다. 사실 이 둘은 정반대라고 할 수 있다. 성경은 아부에 대해 신랄하게 비판한다. 아부는 자기중심적이다(잠 29:5; 롬 16:18; 살전 2:5). 아부는 자기 자신을 돋보이게 하려는 목적으로 다른 사람을 치켜세우는 것이다. 만약 내가 젊고 유명한 어떤 작가와 함께 일하고 싶어서, 그가 나에게 호감을 갖게 하려고 그의 글이 헤밍웨이만큼이나 훌륭하다고 말했다고 하자. 이 말은 거짓말이고, 그에게 호의를 얻기 위해 과장된 단어를 사용한 것이다. 그와 한 팀이 되고 싶어서 과장된 말을 미끼로 던진 것이다. 바울은 그리스도인들에게 이렇게 당부한다.

아무 일에든지 다툼이나 허영으로 하지 말고 오직 겸

손한 마음으로 각각 자기보다 남을 낮게 여기고(빌 2:3).

아부의 중심에는 자기중심성이 자리잡고 있다. 아부는 상대방에 대해 말하는 것 같지만 실제로는 자신에 대해 말하는 것이다.

쉽게 하기 어려운 대화를 하면서도, 어떤 내용을 어떻게 말할지를 잘 선택하면 서로를 발전시킬 수 있다. 내가 말이 너무 많은 것 때문에 사역에 어려움이 있다고 말해 준 목사님은 진정한 친구였다. 꺼내기 어려운 내용이었지만, 그는 부드럽고 조심스럽게 말해 주었다. 그 일로 그 목사님과는 더욱 돈독한 관계가 되었다.

또 다른 친구는 언젠가 나를 앉혀 놓고 부드럽지만 단호하게 내가 심각한 일 중독으로 가정생활에 피해를 주고 있다고 말해 주었다. 그 친구의 말이 옳았고 나는 업무 일정을 조정했다. 지금까지도 그 친구는 내게 가장 소중한 친구 중 한 명이다. 그는 내가 사역에 임하는 모습과 성실함에 대해 칭찬을 아끼지 않으면서도 너무 과한 면이 있다고 말했다. 그의 대화 방식은 그의 말을 신뢰할 수밖에 없게 만들었다. 이에 대해서는 5장에서 더 자세히 나눌 것이다.

은혜로운 말로 칭찬하기

다른 사람을 대할 때 냉소적이거나 비판적으로
만 대한다면 그것은 우리 마음에 문제가 있다는 신
호다. 다른 사람과 관계를 맺을 때 짜증만 내고 있
지는 않은가? 다른 사람들을 부족하고 멍청하다
고 여기지는 않는가? 존 파이퍼(John Piper)는 다른
사람을 칭찬하기 꺼리는 것은 우리 영혼이 아프다
는 증거라고 했다. "우리 입에서 타인에 대한 칭찬
이 메말라 있는 것은 우리 마음이 자기애로 가득하
기 때문일 것이다."[44] 파이퍼 목사는 C. S. 루이스의
《시편 사색》(Reflections on the Psalms)에 나오는 핵심
적인 부분을 인용한다.

애인을 칭찬하는 연인, 애호하는 시인에 경탄하는
독자, 시골 풍경에 감탄하며 걷는 사람, 좋아하는
운동 경기를 즐기는 선수들, 날씨, 와인, 음식, 배우,
자동차, 말, 대학, 국가, 역사적 인물, 아이들, 꽃, 산,
희귀 우표, 희귀 곤충 등 심지어 정치인이나 학자에
대한 칭찬까지 이 세상엔 찬사가 가득하다. 나는 가장
겸손하고 동시에 가장 균형 잡히고 너그러운 마음을
가진 사람들은 칭찬하는 것에 대해 인심이 후하지만,

짜증스럽고 사회에 불만족하며 불평을 달고 사는 사람들은 칭찬에 인색하다는 것을 미처 몰랐다.[45]

하지만 우리 모두는 다른 사람들의 박수를 바라고 있지는 않은가? 다른 사람을 칭찬하는 것이 그 사람을 교만하게 만드는 것은 아닌가? 자칫 아부가 되어 그 사람이 스스로를 우상숭배하도록 부추기는 것은 아닌가? 우리가 성경 안에서 진지하게 살아가고 있다면 그렇게 되지는 않을 것이다. 우리가 합당한 이유로 다른 사람을 칭찬하는 것은 하나님의 형상대로 지음 받은 사람을 칭찬하는 것이므로 결국 하나님을 찬양하는 것이다.

야고보서 3장 9절은 우리가 같은 혀로 하나님을 찬송하고 또한 하나님의 형상대로 지음 받은 사람을 저주하는 것이 얼마나 악한 일인지 이야기한다. 사람은 하나님의 형상대로 지음 받았기 때문에 칭찬 받아야 할 때에 칭찬하는 것은 마땅하다. 잠언 31장 30절에 여호와를 경외하는 여자는 칭찬을 받을 것이라고 쓰여 있는데, 그렇다면 하나님을 경외하는 남자도 칭찬을 받을 것이라고 봐야 한다. 심판 날에 모든 성도는 주님 앞에 서서 어떤 말을 듣게 될까? "잘하였도다 착하고 충성된

종아(마 25:21, 23)."라고 듣겠는가? 다른 성도를 칭찬하는 것은 그들 안에서 하나님이 행하셨고 행하고 계신 선한 행위를 함께 인정하며 찬양하는 것이다(고전 4:7, 15:10).

솔로몬은 경우에 합당한 말은 아로새긴 은 쟁반에 금 사과(잠 25:11)와 같다고 이야기했다. 이런 말 중에 한 가지가 바로 칭찬이다. 사람들이 "목사님, 정말 훌륭한 설교였습니다."라고 말할 때 나는 그다지 힘을 얻지 못한다. 하지만 누군가 "설교자로서 정말 많이 성장하셨군요. 설교가 점점 더 명확해지고 간결해졌습니다. 이렇게 주님이 목사님을 날마다 성장하게 하시는 것을 보니 정말 기쁩니다."라고 말해 주면 큰 힘이 된다. 나는 항상 설교자로서 성장할 수 있기를 갈망하며 그것을 위해 끊임없이 기도하고 있기 때문이다.

지면 관계상 성경 예화를 더 들 수 없지만 한 가지만 더 언급하겠다. 다니엘을 사자 굴에 집어넣은 다음날 아침, 하나님이 다니엘을 구하셨는지 확인하기 위해 달려온 다리우스 왕에게 상처 하나 없이 살아남은 다니엘은 "왕이여 원하건대 왕은 만수무강 하옵소서(단 6:21)."라고 말하며 하나님께 영광 돌린다. 샘 크랩트리(Sam Crabtree)는 이 부분에 대해 이렇게 썼다.

하나님은 치욕을 당하지 않는다. 만약 다리우스 왕이 만수무강한다면 그렇게 해 주실 분은 하나님이기 때문이다. 하나님은 그런 일을 행하실 수 있는 유일한 분이다. … 우리가 다른 이들 안에서 이루시고 일하고 계신 그분의 행적을 칭찬할 때 우리 안에서 하나님이 영광 받으신다.[46]

칭찬은 관계를 건강하게 만든다. 특히 비난(필요한 비난이라도)과 말다툼으로 상처 입은 관계라면 더더욱 그렇다. 이것은 특히나 십대 자녀를 둔 부모들에게 더욱 유용할 것이다. 나 역시 세 명의 십대 자녀를 키우고 있으며, 바르게 자라도록 자주 훈육하지만 항상 잘 받아들여지지는 않는다. 그러나 가능한 한 아이들을 긍정적으로 대하려고 노력한다. 그렇게 하니 훈육을 하더라도 부모가 자신들의 장점을 바라보고 있으며 여전히 사랑하고 있다는 것을 기억하게 하는 데 도움이 되었다.

작년에 큰 아이는 학업에 어려움을 겪었지만 스스로 일자리를 구해 열심히 일하면서도 좋은 성과를 거두었다. 올해는 어떻게 하면 학생으로서 더 발전할 수 있을지 대화를 나누면서 아들이 스스로 일자리를 구하고 성실히 일함으로 하나님을 영광스럽게 한 것에 대해 칭찬했다(고전 10:31; 골 3:23). 아들에게서 칭찬할 만한 부분들을 찾아내어 말할수록 아이는 내 비판과 훈육을 훨씬 더 나은 태도로 받아들였다. 최근에 아들은 나에게 "아빠가 나를 사랑해서 이런 일에 화내시는 것 알아요. 항상 잘 받아들이지 못해서 죄송해요. 이게 우리가 늘 이야기하는 성숙의 과정인가 봐요."라고 말하기까지 했다. 이 말에 나는 용기를 얻었다.

예수님이 우리에게 빚진 것이 있어서 우리를 구원하셔야 했던 것이 아니다. 우리를 향한 사랑 때문에 구원하신 것이다. 믿음을 통해 구원받는 것이 은혜다. 이와 같이 다른 사람을 칭찬하는 것은 우리가 억지로 해야 할 의무가 아니라 복음과 온전히 일치하는 은혜를 넉넉하게 표현하는 것이다.

은혜로운 말로 책망하기

이 땅은 여전히 죄로 물들어 있다. 그래서 은혜로운 말은 때로는 다른 사람을 바로 잡거나 훈계함으로 사랑 안에서 진리를 말하는 것이기도 하다. "친구의 아픈 책망은 충직으로 말미암는 것이나 원수의 잦은 입맞춤은 거짓에서 난 것이라(잠 27:6)." 그리스도 안에서 하나님의 은혜를 선포하는 데에는 신실함이 요구된다. 그래서 바울은 디도에게 "너는 이것을 말하고 권면하며 모든 권위로 책망하(딛 2:15)"라고 권면한다.

예수님은 은혜와 진리가 충만하신 분이시다(요 1:14). 그래서 그분이 하신 책망에는 은혜와 진리가 담겨 있다. 마가복음 10장 17-27절에서 율법에 대한 잘못된 이해를 갖고 있던 한 부자 청년을 어떻게 책망하시는지 살펴보자. 부자 청년은 예수님께 "선생님, 내가 이 모든 것(하나님의 율법)을 어려서부터 다 지켰나이다." 그러나 예수님은 그를 보시고 "사랑하사 이르시되 네게 아직도 한 가지 부족한 것이 있으니 가서 네게 있는 것을 다 팔아 가난한 자들에게 주라 그리하면 하늘에서 보화가 네게 있으리라 그리고 와서 나를 따르라(막 10:21)."고 말씀하셨다.

부자 청년은 가진 돈과 재산을 하나님보다 더 사랑했기에 예수님을 따르지 않았다. 그러나 예수님은 그를 사랑하셨고 그 마음의 진짜 동기를 드러내기 위해 조심스럽게 말씀하셨다. 신학의 날카로운 관점으로 논쟁하거나 그 청년의 마음이 얼마나 병들었는지 말씀하지 않으셨다. 주님은 그를 사랑하셔서 상처주지 않는 방법으로 그를 책망하셨다.

물론 예수님은 마태복음 18장 15-20절에서 모든 그리스도인은 한몸이라는 맥락에서 다른 그리스도인이 잘못을 저질렀을 때 권면하고 징계할 수 있는 공식적인 3단계 방법을 교회에 제시하셨다. 교회의 징계는 하나님을 사랑하고 이웃을 사랑하는 수단이다. 징계를 통해 교회의 순수성을 유지하며 삶에서 신앙을 잃어버린 형제자매를 돌아오게 하려는 두 가지 목표가 있기 때문이다. 징계의 목적은 처벌이 아니라 잘못을 저지른 지체를 회복시키려는 것이다.

마태복음 18장과 고린도전서 5장에서와 같이 사랑으로 행해지는 권징은 복음을 드러내는 사랑의 행위이다.[47] 실제로 마태복음 18장에서 교회 권징에 관한 말씀 앞에는 한 마리 길 잃은 양을 찾기 위해 아흔아홉 마리의 양을 안전한 곳에 두고 한 마리 잃은 양을 찾아서 데려오시는 예수님의 모습이 그려져 있다.

서문에서 언급했던 부목사님은 이 원칙을 행동으로 옮기셨다. 내게는 사역을 위협하고 그리스도의 증인된 삶에 치명적인 약점으로 작용될 부분이 있었다. 당시에 나는 그분의 말씀을 받아들이기가 어려웠다. 그럼에도 그는 내가 그리스도 안에서 성장하기를 바라는 마음에서 그렇게 말해 준 것이다. 고린도전서 13장 6절에서 바울은 사랑은 진리와 함께 기뻐하는 것이라고 말한다. 따라서 우리가 사랑하는 사람들을 섬기려면, 필요할 순간에는 서로 간에 듣기 어려운 말도 꺼낼 수 있어야 한다. 다만 언제나 복음과 그리스도의 사랑을 담아 진실하게 말해야 한다. 어려운 이야기를 꺼내는 방법에 대해서는 다음 장에서 더 자세하게 다룰 것이다.

우리 혀는 길들여져야 하지만 때때로 혀는 다른 사람의 상처를 싸맬 수도 있다. 사랑을 담아 다른 이들을 구원의 길로 이끌며, 세워 주고, 격려하고, 위로하며 때때로 권면하기 위해 말을 사용할 때 우리는 에베소서 4장 29절에서 바울이 명한 바를 이행하는 것이다.

경우에 합당한 말은
아로새긴 은 쟁반에 금 사과니라(잠 25:11).

5장

말하는
방식도 살펴야

유순한 대답은 분노를 쉬게 하여도 과격한 말은 노를
격동하느니라(잠 15:1).

착한 사람도 없고 나쁜 사람도 없어.
단지 너와 내가 있고, 우리는 서로 의견이 다를 뿐이야.

_영국 록 싱어송라이터 데이브 메이슨(Dave Mason)

　　수년 간 나는 대학교와 고등학교에서 글쓰기
를 가르쳐 왔다. 대체로 재미있는 잘못된 글쓰기
의 예를 보여 주는 것으로 수업을 시작하곤 했다.
가끔은 학생들에게 "적절하게 쉼표를 사용하지 않

으면 식인 행위로 이어질 수 있다는 것을 알고 있나요?"라고 질문한다. 그리고는 다음 두 문장을 살펴보게 한다. "아빠 밥 먹어요." "아빠, 밥 먹어요." 문장부호를 잘못 쓰면 잘 쓰인 문장을 망치기도 한다. 그런데 우리는 문장부호가 잘못 쓰였을 때만 거기에 문장부호가 있다는 것을 알아챈다.

뉴스 헤드라인은 오해를 불러일으키기도 한다. 세인트루이스의 투수이자 야구 역사상 가장 유명한 선수 중 한 명인 디지 딘(Dizzy Dean)은 1934년 월드시리즈에서 주루 도중 머리에 공을 맞는 불운을 겪었다. 그 다음날 〈뉴욕타임스〉 스포츠면 헤드라인은 "머리를 엑스레이로 찍었지만 거기엔 아무것도 없었다."라고 나왔다. 딘은 별일 없이 투구할 수 있었지만 머리가 빈 선수라는 오명이 한동안 그를 따라다녔다.

적절하지 않은 말투는 잘못 사용된 문장부호나 오해를 불러일으키는 헤드라인과 같이 대화를 잘못된 방향으로 이끌 수 있다. 음정이 맞지 않는 합창을 들을 때 우리 귀가 반응하는 것처럼, 적절하지 않은 말투도 우리의 신경을 자극한다. 나는 고등학교 시절 야구팀 코치에게 내 타순이 1번이 아닌 것에 대해 불만을 표한 적이 있었다. 3번 타

험담,
그 일상의 언어

자가 아니라 선두타자가 더 맞다는 점을 분명하게 말씀드렸다. 사실 내게 있는 유일한 장점이 볼 스피드와 스트라이크 존에 대한 좋은 감각, 데드볼을 두려워하지 않는 등 1번 타자에게 필요한 성향들 뿐이었다. 그리고 코치님에게 티볼(야구를 변형시킨 뉴스포츠의 일종, 투수가 없음_옮긴이)에서도 줄곧 선두타자로 타석에 섰다는 사실을 상기시켰다(그때는 아버지가 코치였기 때문에 가능했다는 생각은 전혀 하지 못했다.).

34년 전 일이지만 나는 코치님의 대답을 잊을 수 없다. "있잖아, 제프. 자네가 너무 시끄럽게 말을 하니까 무슨 말을 하는지 전혀 알아들을 수가 없어." 그렇게 말한 코치님은 자리를 떴고 나는 코치님의 말을 곰곰이 생각하게 되었다. 그리고 그 의미를 깨닫는 데는 오랜 시간이 걸리지 않았다. 내 무례한 말투로 인해 1번 타자가 되어 팀을 가장 잘 도울 수 있다는 진실하고 어쩌면 타당하기까지 한 주장을 듣지 못하게 만들었던 것이다.

문제는 내용이 아니라 말투에 있었다. 대화에서 문제가 발생하는 경우는 잘못된 어휘 선택보다는 말투에서 비롯되는 경우가 많다. 한 가지 예를 들어 보겠다. 당신의 배우자가 복통이 계속되어 의사의 진찰을 받아야 하는지 말아야 하는지에 대해 배우자와 격렬한 의견 대립을 하고 있다고 가정해 보자. 어떤 대답을 할 때 대화가 부드럽게 이어질 가능성이 높아 보이는가?

"내 말 좀 들어 봐. 당신 지금 너무 과민한 거 알아? 그리 큰 병은 아닐 거라고."

혹은

"무슨 말인지 알겠고, 당신이 걱정할 만한 상황이라는 것도 이해해. 그런데 의사에게 진찰을 받기 전까지 확실한 건 없어. 그러니까 너무 불안해하지 마."

두 대답 모두 같은 생각을 전달하지만 다르게 사용된 단어와 태도가 다른 상황을 만들어 낸다.

또한 "그 옷 잘 어울리네."라고 똑같은 단어를 쓰면서도 다른 의미를 전달할 수도 있다. 새로 산 옷을 알아봐 주었다는 사실에 상대방을 기쁘게 할 수도 있고, 또 다른 경우 모욕감을 느끼고 상대방이 옷을 갈아입게 만들 수도 있다.

또 다른 예를 들어 보자. 성경에서 금지하는 신학적 오류나 윤리적 행위를 받아들인 친구와 이야기하고 있다고 가정해 보자. "너는 어떻게 그런 헛소리에 쉽게 넘어가?"라고 말할 수도 있다. 하지만 코스티 힌(Costi Hinn)이 제시한 "이해할 수 있게 도와줘" 전략을 사용하는 것이 더 나은 대화 방법이며 그리스도인다운 말하기다.[48] "네가 왜 동성애에 대한 성경의 가르침을 거부하는지 이해할 수 있게 도와줘."라고 말하거나 "왜 몰몬교에 빠지게 되었는지 이해할 수 있게 도와줘."라고 묻는 것이 좋다. 이렇게 질문하는 것이 더 사랑을 담아 말하는 것으로 느껴진다. 이런 질문은 상대방을 무시하지 않는 태도이고, 차분하고 더 풍성한 대화로 이어질 가능성을 높여 준다.

잠언 15장 1절은 성경 전체에서 말투에 관한 가장 탁월한 격언이라고 할 수 있다. "유순한 대답은 분노를 쉬게 하여도 과격한 말은 노를 격동하느니라." 예수님은 요한복음 4장에 나오는 우물가의 여인을 만났을 때 어떤 말투를 사용해야 하는지 잘 보여 주셨다. 예수님은 여인이 지금 한 남자와 함께 살고 있고, 이전에 다섯 명의 남편이 있었다는 사실을 알고 있다고 말씀하셨다. 이때 그의 말투는 온화하고 공격적이지 않았다. "네가 남편이 없다 하는 말이 옳도다 너에게 남편 다섯이 있었고 지금 있는 자도 네 남편이 아니니 네 말이 참되도다(요 4:17-18)." 예수님의 말투는 은혜롭고 비판적이지 않았지만 진리를 타협하지는 않으셨다.

종종 우리의 말투와 몸짓, 무심코 던진 무신경한 표현들은 좋은 대화를 방해한다. 좋은 대화는 보통 말투가 신경 쓰이지 않을 때 이루어진다. 온화한 말투는 듣는 사람의 마음에 당신의 말을 잘 문질러 스며들게 한다. 말투는 야구에서 심판과 같다. 경기에서 심판이 보이지 않는다면, 그 심판은 최고 수준의 역량을 발휘하는 것이다. 그러나 스트라이크 존이 흔들리거나 타자가 판정에 의문을 제기할 때, 심판의 격렬한 반응을 관중이 알아차리기 시작하면 이때부터 심판은 경기의 일부가 되어 버린다. 마찬가지로 말투가 드러나지 않을 때에 가장 매끄럽고 건강한 대화가 이루어진다.

말투 문제를 작은 문제로 여기거나 겉으로 드러난 행동 정도로 의미를 축소해서는 안 된다. 솔로몬이 영적, 국가적, 행정적으로 최고의 리더십을 갖추었을 때 그는 이스라엘의 현자들과 함께 왕자들에게 부드러운 말투, 설득력 있는 혀, 신뢰를 쌓고 사람들을 설득하는 상황에 맞는 지혜로운 어조를 사용하라고 가르쳤다. 이런 것은 말하는 사람이 하나님을 두려워하고, 자기 절제력이 있으며, 순간적으로 필요한 것을 잘 감지할 수 있을 때 가능한

것이기 때문이다. 또한 이것은 바울이 에베소서 4장 2절에서 말씀한 것과 일치한다.[49]

온순한 혀는 곧 생명 나무이지만 패역한 혀는 마음을 상하게 하느니라(잠 15:4).

지혜로운 자의 마음은 그의 입을 슬기롭게 하고 또 그의 입술에 지식을 더하느니라(잠 16:23).

선한 말은 꿀송이 같아서 마음에 달고 뼈에 양약이 되느니라(잠 16:24).

오래 참으면 관원도 설득할 수 있나니 부드러운 혀는 뼈를 꺾느니라(잠 25:15).

사실 성경에는 '어조'라는 단어가 직접적으로 등장하지는 않는다. 하지만 솔로몬을 비롯한 다른 성경 저자들은 몇몇 구절에서 이것을 염두에 두고 있는 것이 분명하다. 전도와 관련해서 잘 알려진 구절에서 베드로는 편지의 수신자들에게 내면에 있는 소망에 대해 항상 대답할 준비가 되어 있어야 한다고 말한다. 그는 또한 복음 선포에 수반되어야 할 몸가짐에 대해서도 말하는 데, 그것은 바로 "온유와 두려움"이다.

너희 마음에 그리스도를 주로 삼아 거룩하게 하고
너희 속에 있는 소망에 관한 이유를 묻는 자에게는
대답할 것을 항상 준비하되 온유와 두려움으로
하고(벧전 3:15).

우리가 불신자들을 대할 때 온유와 두려움으로 대할 책임이 있다면 교회 안에 있는 형제자매들에게는 얼마나 더 그러해야 할까? 바울은 "너희 말을 항상 은혜 가운데서 소금으로 맛을 냄과 같이 하라 그리하면 각 사람에게 마땅히 대답할 것을 알리라(골 4:6)."고 권면한다. 고대에 소금은 고기를 보관할 때 상하지 않도록 도와주는 방부제로 사용되었다. 마찬가지로 그리스도인의 말은 항상 영적 부패보다는 순결함을 증진시켜야 한다. 그러기 위해서는 우리의 말뿐만 아니라 말을 사용하는 방식에도 주의를 기울여야 한다.

□

말투의 또 다른 이름: 겸손

친한 친구 목사에게 이 책에 말투에 관한 내용으로 한 장을 할애할 것이라고 말했더니, 말투를 성경적으로 잘 정의해 달라고 했다. 앞서 소개한 잠언 구절에 이 단어가 직접적으로 언급되지는 않지만, 그 의미는 잘 담겨 있다고 생각했다. 그런데 친구의 말을 곰곰이 생각해 보니 말투란 말을 할 때는 언제나 성경의 핵심 덕목인 겸손의 기치 아래 해야 한다는 의미인 것을 깨달았다. 베드로는 베드로전서 5장 5-6절에서 장로들과 그리스도의 모든 지체에게 겸손할 것을 권면한다.

다 서로 겸손으로 허리를 동이라 하나님은 교만한 자를 대적하시되 겸손한 자들에게는 은혜를 주시느니라 그러므로 하나님의 능하신 손 아래에서 겸손하라 때가 되면 너희를 높이시리라.

우리가 베드로의 권면을 따라 모든 대화에서 겸손을 추구한다면 이번 장의 뒷부분에서 다룰 어렵고 갈등을 일으킬 법한 대화에서도 말투 문제는 저절로 해결될 것이다. 이것에 대해서는 "지뢰밭 대화를 다루는 열 가지 방법" 부분에서 다룰 것이다.

겸손은 다른 사람과 대화하는 방식에 어떤 영향을 미칠까? 겸손이란 무엇일까? 나는 칼빈이

《기독교강요》 서두에서 한 말을 좋아한다. 그의 말이 우리 마음에 겸손의 씨앗을 심는 열쇠를 제시한다고 여겨지기 때문이다. 진정한 지혜는 하나님에 대한 지식과 자기 자신에 대한 지식으로 이루어져 있다. 겸손은 하나님의 거룩하심과 우리의 죄성에 비추어 자기 자신을 정직하게 평가하는 것이다. 겸손은 교만과 반대되는 개념이다. 누가복음 18장 9-13절에 등장하는 바리새인의 말에 비추어 교만을 이야기해 보면 이렇다. 교만한 사람은 자신이 이미 다른 사람들보다 훨씬 더 겸손하다고 확신한다.[50]

겸손하면 대화가 더 잘 이루어진다. 겸손한 사람은 자신이 은혜로 구원받은 죄인이라는 것, 하나님은 거룩하시다는 것, 자신의 죄에 합당한 보응을 받지 않았다는 것을 명확히 인식하고 대화에 참여한다. 자신이 다른 이들보다 위에 있지 않기에 다른 사람이 자신에게 하지 말았으면 하는 방식으로 다른 사람에게 말하지 않는다. 다른 사람을 바로잡아야 한다면 예수님의 은혜를 담아 말할 것이다. 또 꾸짖어야 할 경우 최대한 조심스럽게 말할 것이고 단호하겠지만 불친절하거나 거칠게 하지는 않을 것이다. 잠언 15장 1절 말씀에 따라 단호하게 말하되 은혜와 친절, 겸손함으로 말할 것이다.

갈라디아서에서 바울은 다른 복음으로 유혹하는 갈라디아 교회에 맞서고, 후에는 동료 사도인 베드로가 율법주의에 매인 것을 책망한다. 바울의 말은 직설적이고 날카롭지만 거칠거나 불친절하게 들리지 않는다. 바울은 화가 단단히 나서 베드로와 갈라디아 교회 교인들에게 직설적으로 말한다. 하지만 솔직하게 이야기한다고 해서 듣는 이에게 상처를 주거나 짜증나게 하지는 않는다.

그리스도의 은혜로 너희를 부르신 이를 이같이 속히 떠나 다른 복음을 따르는 것을 내가 이상하게 여기노라 다른 복음은 없나니 다만 어떤 사람들이 너희를 교란하여 그리스도의 복음을 변하게 하려 함이라(갈 1:6-7).

그런 다음 바울은 베드로의 면전에서 그를 책망했다고 말하면서 단호하게 그의 위선을 언급하지만 상대방을 죄인 취급하는 말투를 사용하지는 않는다. 은혜로운 말투가 심각한 대립 상황을 아예 없앨 수는 없지만 확실한 것은 큰 갈등으로 번

지지 않게 하며 깊고 돈독한 관계로 이끈다.

최근 나는 우리 교회 부목사님들과 함께 심각한 죄에 빠진 젊은 교인과 마주한 적이 있다. 이 젊은 교인과 이야기를 나누면서 부목사님 중의 한 분인 더그가 보여 준 깊은 겸손에 주목하지 않을 수 없었다. 더그는 우리 교회의 부목사로 오기 전 오랫동안 한 교회의 담임 목사였다. 더그는 이 청년에게 자신이 얼마나 사랑하는지, 그의 생활 방식이 그리스도인이라고 말하기엔 얼마나 위험한 상황인지 진지하지만 단호하게 자신의 마음을 전했다. 그리고 그가 죄에서 벗어나 예수님의 품에 안기기를 얼마나 소원하고 있는지에 대해서도 전하는 것을 주저하지 않았다.

더그는 성도의 심각한 죄를 다루는 상황에서 결코 목사로서 자신이 해야 할 일을 포기하지 않았다. 하지만 그의 말투는 너무나 은혜로웠고 하나님은 그것을 사용하셔서 그 청년의 마음을 녹이셨다. 또 다른 부목사와 나는 더그의 그리스도를 닮은 겸손에 깊은 감명을 받았다.

개혁주의 그리스도인들에게는 다른 사람을 너무 온유하게 대하면 타협하게 될 것이라는 두려움이 있는 것 같다. 또 거칠게 목소리를 높여 말하는 것이 진리를 위해 굳건하게 서는 것과 동일하다고 여기는 정서가 깔려 있는 것 같다. 왜 그렇게 생각하는지는 잘 모르겠지만(어쩌면 우리 안에 전제되어 있는 근본주의적인 충동 때문일 수도 있다.) 나 역시 이런 두려움을 품고 있었음을 고백한다.

나는 목회자로서 어떤 사람이 나와 교회에 무슨 행동을 했든지, 또 그들이 지은 죄로 인한 분노와 실망감이 아무리 정당할지라도 상대방에 대한 거칠고 가혹한 태도는 결코 바른 접근이 아니라는 점을 깨달았다. 솔로몬이 잠언 15장 1절에서(유순한 대답은 분노를 쉬게 하여도) 잘 알려 준 것처럼 거친 말은 절대 유익한 대화나 건강한 결론으로 이어지지 않는다.

우리가 나누는 모든 대화는 바울이 고린도전서 13장 1-7절까지 아름답게 그려 낸 그리스도의 사랑에서 동기를 얻어야 한다. 이 구절은 결혼 선물로 주는 십자수 그림에서 가장 많이 등장하는데(우리 부부도 결혼할 때 이 그림을 세 개나 받았던 기억이 있다.) 이것을 장식용으로 벽에 걸어 놓고는 복도에서 서로에게 소리 지르며 싸울 때는 완전히 잊어버린다. 특히 4-5절은 서로 대화하는 방식과 관련이 있다.

사랑은 오래 참고 사랑은 온유하며 시기하지
아니하며 사랑은 자랑하지 아니하며 교만하지
아니하며 무례히 행하지 아니하며 자기의 유익을
구하지 아니하며 성내지 아니하며 악한 것을
생각하지 아니하며(고전 13:4-5).

나는 대부분의 소셜 미디어가 미묘한 신학적, 정치적, 문화적 문제를 논쟁할 때 열등한 소통 수단으로 여겨지는 이유가 바로 여기에 있다고 생각한다. 우리는 소셜 미디어, 이메일, 문자 메시지 등을 통해 서로에게 말할 때 매우 신중해야 한다. 의도하지 않게 부정적인 어조로 소통하기 쉽기 때문이다.

말투는 내가 '지뢰밭 대화'라고 부르는 상황에 도움을 줄 수도 방해가 될 수도 있기에 특히 중요하다. 그래서 같은 장에서 이 문제를 다루려고 한다.

□

지뢰밭 대화를 다루는 열 가지 방법

2차 세계대전 중 아돌프 히틀러의 군대는 유럽

전역에 100만 개가 넘는 '바운싱 베티'라는 도약식 지뢰를 설치했다. 이 지뢰는 작고 탐지하기가 어려워 수천 명의 연합군이 전사하는 원인이 되었다. 어려운 대화는 종종 지뢰가 깔린 시골 길을 죽지 않고 지나가려고 하는 것과 같은 느낌을 준다. 우리는 이 '지뢰밭 대화'에 대해 이미 잘 알고 있다.

극도로 예민한 기질을 가진 상사와 나누는 대화, 사춘기 자녀들과 나중에 큰 문제를 일으킬 것만 같은 불량한 친구에 대해 나누는 대화, 교회에서 청소년부 아들을 징계하게 되었다고 담당 목사가 그 부모에게 전달해야 하는 상황, 크리스마스에 여호와의 증인인 삼촌과 나누는 신학적 대화, 사회 문제에 대한 인식이 나와 정반대인 동료와 즉흥적으로 나누게 된 정치 이야기 등이다. 지뢰밭 대화는 위험천만하고 관계를 망칠 수 있다. 침착하게 정신 차리고 말하지 않으면 한 걸음, 한 걸음, 한 마디, 한 마디가 서로에게 건네는 마지막 말이 될 수도 있다. 나도 그런 경험이 있다.

다른 그리스도인을 책망해야 하는 상황도 이런 대화에 포함된다. 이러한 지뢰밭 대화를 어떻게 대처해야 할까? 어떻게 하면 그리스도인다운 방식으로 꼭 필요한 책망을 할 수 있을까? 어떻게 하면 단호하면서도 애정 어린 말을 할 수 있을까?
지뢰밭 대화를 할 때 고려해야 할 10가지 사항에
대해 생각해 보도록 하자.

1. 영적으로 준비하라

대화를 시작하기에 앞서 적절한 성경 구절을
정해서 기도하고 묵상하라. 이것이 내게 어떤 도움
이 되었는지 한 가지 예를 들어 보겠다. 최근에 나
는 우리 교회에 등록한 내 친구와 대화를 나눠야
했다. 그 친구는 목사들의 리더십에 불만을 품고
있었다. 나는 그 친구가 교회를 떠날 수도 있다고
생각했다. 또 부드럽게 대하지 않으면 불같이 화낼
성격을 가지고 있다는 것을 익히 알고 있었다.

약속 장소로 가면서 잠언 15장 1절(유순한 대답
은 분노를 쉬게 하여도)과 마태복음 12장 36절(내가 너
희에게 이르노니 사람이 무슨 무익한 말을 하든지 심판 날
에 이에 대하여 심문을 받으리니)을 묵상하며 이 두 절
의 말씀이 주는 명령에 순종할 수 있는 은혜를 주
실 것과 그 친구가 원수가 아니라 그리스도 안에
있는 형제라는 사실을 잊지 않게 해 달라고 기도
했다.

말에 문제가 생기는 것은 그보다 앞서 마음에 문제가 생겼기 때문이다(마 12:34). 그러므로 어려운 대화를 앞두고는 우선 마음을 평온한 상태로 유지해야 한다. 보통은 이러한 대화를 할 때 하나님께 내 마음이 평정심을 잃지 않아서 내가 적절한 말투로 이야기하고 화를 내지 않게 해 달라고 기도한다. 내 마음이 현재 어떤 위험한 상황에 처해 있는지 잊지 않게 해 달라고, 하나님이 어떤 인내심을 가지고 나를 기다려 주셨는지 다시 한 번 기억하게 해 달라고 기도한다.

그 친구와 허심탄회하게 이야기를 나누다 보니 긴장되는 순간이 몇 번 있었다. 하지만 대화는 전반적으로 좋았고, 서로를 격려하며 훈훈하게 마무리되었다. 또한 내가 그의 담임 목사이거나 그가 우리 교회에 다니는 것과 우리 우정은 별개라는 사실에 동의했다. 나는 그가 제기한 몇 가지 비판은 수용했고 그의 제안이 오히려 도움이 된다는 것을 알게 되었다. 그러나 또 몇 가지는 동의하지 않았다. 결국 나는 그 친구 가정이 다른 교회를 찾아서 정착하는 것이 최선이라고 생각했고 그렇게 하도록 도와주었다.

그 친구 가정은 우리 도시 내에 있는 건강한 교

회를 찾았고 하나님의 은혜로 우리는 여전히 친구로 남아 있다. 만약 내가 하나님의 은혜로 거친 말을 하거나 화내지 않겠다고 마음을 다잡지 않았다면 이렇게 문제가 잘 해결되지 않았을 것이다.

아내와 나는 이런 대화가 불과 몇 년 전에만 일어났어도 내 분노와 자존심 때문에 전혀 다른 결과를 가져왔을 것이라고 생각했다. 묵상과 기도 후에 대화를 시작하니 해야 할 말을 하면서도 애정 어린 대화를 하는데 큰 도움이 되었다.

2. 스스로에게 세 가지를 질문하라

개혁주의 신학자 로저 니콜(Roger Nicole)은 온유한 성격으로 잘 알려져 있는데, 그런 성품은 그의 신학에 동의하지 않는 이들과 대화할 때 더욱 빛이 났다. 하나님은 그에게 그리스도를 닮은 자세를 유지하면서 격렬한 논쟁 속에서도 침착하고 하나님을 경외하는 말을 사용할 수 있는 예리한 능력을 주셨다.

그는 의견 차이가 있을 때 그리스도를 닮은 태도를 유지하는 데 도움이 되는 세 가지 질문을 소개했다. (1) 나와 의견이 다른 사람에게 내가 빚진 것은 무엇인가? (롬 13:7-10은 이 질문에 대한 답을 찾는 힌트가 될 것이다.) (2) 나와 의견이 다른 이 사람에게 내가 무엇을 배울 수 있는가? (3) 나와 의견이 다른 이 사람을 어떤 자세로 대해야 하는가?[51] 이 세 가지 질문을 주의 깊게 생각하면 험악한 논쟁과 말다툼의 근원이 되는 교만과 이기심을 없애는 데 도움이 될 것이다.

3. 가장 너그러운 자세로 시작하라

긍정적인 분위기를 유지하기 위해 최선을 다하라. 처음부터 과열된 상태로 시작해서, 더욱 크게 (대부분은 빠르게) 불이 붙고 결국 다툼으로 끝나버리는 대화가 되면 그야말로 최악이다. 너그러운 자세에서 나오는 차분한 말로 시작한다면, 자신은 물론 상대방도 긴장을 푸는데 도움이 될 것이다.

당신에 대해 험담을 한 교인과 대면하게 되었다고 가정해 보자. "도대체 왜 나에 대해 그렇게 끔찍하고 우스운 독설을 하고 다닌 겁니까?"라고 대화를 시작하고 싶지는 않을 것이다. 상대방이 험담하고 다닌 사실이 자명하고 그가 한 말이 끔찍하고 같잖은 비방이라도 이런 식으로 대화를 시작하는 것이 좋을 것이다. "당신이 나에 대해 했다는 어떤 말에 대해 이야기하고 싶습니다. 저는 당신이 정말로 그런 말을 했다고 생각하지는 않습니다. 사람들이 잘못 들었거나 오해했을 수도 있기 때문입니다. 그래도 사실을 확인하는 것이 서로에게 유익이 될 것 같아 이 자리에 나왔습니다." 그리스도의 황금률에 따르는 것이다. 다른 사람들이 나를 결백하다고 여기기를 바란다면 나도 다른 사람을 똑같이 대해야 한다.

4. 자신의 감정을 확인하라

감정은 난폭한 말 같아서 특별히 고삐를 단단히 쥐어야 한다. 그렇지 않으면 번개같이 당신에게서 도망쳐 나갈 수 있다. 다시 고삐를 붙잡아 마구간으로 되돌아갔을 때는 이미 많은 피해를 입은 이후일 수 있다. 절제되지 않는 감정은 대화라는 도화선에 불을 붙이는 성냥 같은 역할을 하기 쉽다. 하나님은 우리를 감정을 가진 존재로 만드셨다. 그러므로 감정 자체가 나쁜 것은 아니다.

하지만 어려운 대화에서 정제되지 않은 날 것의 감정은 종종 길을 잃게 만든다. 통제되지 않은 감정은 돌아서서 문을 쾅 닫고 싶게 만든다. 논리적 근거를 만들어 상대의 입을 막아 버리고 싶게 한다. 또한 상대방을 냉랭하게 대하고 싶게 한다. 자신이 홀대받는다는 느낌을 그냥 받아들이게 하고, 이제 그들과의 관계를 끝내야겠다고 다짐하도록 유혹한다.

절제된 방식으로 대응하고 싶지 않은가? 당신도 감정을 고스란히 드러내어 반응하는 것은 피하고 싶을 것이다. 치열한 공방이 예상되는 대화에서는 우선 정말로 겸손하게 해 달라고 기도하는 것이 중요하다. 그리고 나서 상대방에게 이렇게 말해 보자. "제가 당신에게 받은 상처를 이야기하기 전에 먼저 당신의 이야기를 듣고 싶어요. 저는 당신을 다치게 할 생각은 없었어요. 그래도 당신이 입은 상처에 대해 제게 소상히 말씀해 주세요."[52] 이렇게 대화를 시작하면 좀 더 나은 결과를 이끌어 낼 뿐 아니라 하나님을 경외하는 대화로 이어질 수 있다. 감정을 절제하지 않은 대화에서는 결코 기대할 수 없는 일이다. 이런 식의 응답은 우리에게 필요한 화해로 나아가는 출발점이 될 수 있다.

예를 들어 보자. 나에게는 나와는 전혀 다른 신

학적 배경을 가진 친척 목사님이 한 분 계신다. 수
년 전 그는 내게 선택 교리에 대해 토론을 요청했
다. 미국 서부 영화에서 빌 히콕과 와이어트 이어
프가 총을 들고 결투하는 모습이 머릿속에 그려졌
다. 하나님의 은혜로 그때 나는 이렇게 멋지게 말
할 수 있었다. "제가 왜 성경이 선택과 예정을 가
르친다고 생각하는지 말씀드리게 되어 기쁩니다.
저는 성경에 근거하지 않은 것은 조금도 믿고 싶
지 않거든요. 성경을 가져와서 보여 드리겠습니
다. 그런 다음에 저는 당신의 생각을 듣고 싶습니
다. 왜 이 교리가 성경적이지 않다고 생각하는지,
왜 그것을 믿을 수 없다고 생각하는지 말입니다."

　우리는 장장 세 시간에 걸쳐 대화했다. 우리는
끝끝내 어떤 것에 대해서도 의견 일치를 볼 수 없
었다. 그러나 그는 나와 함께 고무적인 성경 공부
를 하게 되어 고맙다고 했다. 내 친척은 우아하게
반대 의사를 표명했고, 나는 그의 의견을 중간에
끊지 않고 끝까지 들어주었다. 우리의 관계는 깨
어지지 않았을 뿐만 아니라 오히려 우정이 더 깊
어졌다. 나는 그를 더욱 이해하게 되었고, 이 교리
에 반대하는 그의 견해를 명확히 알게 되었다. 그
로부터 수년이 흘렀지만 여전히 그는 구원 역사에

서 하나님의 절대 주권을 믿는 내 견해를 받아들이지 않는다. 그러나 우리는 따뜻하고 끈끈한 관계를 유지하고 있다.

5. 몸짓 언어를 세심하게 살피라

말의 내용이나 말을 사용하는 방식이 아니더라도 대화를 엉망으로 만드는 방법은 다양하다. 앞부분에서 설명한 말투나 의도치 않은 몸짓 언어가 문제를 일으킬 수도 있다. 당신이 미처 깨닫지 못한 말투나 몸짓 언어가 있는지 배우자나 가까운 친구에게 물어보자. 의도치 않게 상대방에게 잘못된 신호를 보내고 있었을 수도 있다. 다윗은 "눈이 높고 마음이 교만한 자를 내가 용납하지 아니하리로다(시 101:5b)."라고 경고한다. 여기서 "눈이 높"다는 것은 거만한 표정, 즉 태도를 의미한다. 이런 거만한 표정은 교만한 마음에서 비롯된다. 하나님은 둘 다 용납하지 않으신다.

한번은 아내가 내 몸짓 언어에 대해 경고해 준 적이 있다. 나는 논쟁적인 대화를 할 때면 콧구멍을 치켜세우는 경향이 있고, 또 화가 나서 상대방을 무시하는 것처럼 느껴지게 얼굴을 찌푸린다고 한다. 가끔씩은 상대방이 말하는 동안 고개를 살짝 흔든다고도 했다. 우아하거나 대화에 도움이 되는 방법은 아닌 것이 분명했다. 또한 설교할 때는 화난 사람처럼 보인다고도 했다. 성도들 앞에 서서 설교할 때 표정을 부드럽게 하려고 의식적으로 노력했다. 진지한 표정과 화난 표정은 분명히 다르다는 것을 알게 되었다. 메리 비크(Mary Beeke)는 비언어적 의사소통이 얼마나 중요한지에 대해 이렇게 지적한다.

목소리 톤이나 표정은 매우 중요한 부분이다. 목소리 톤과 표정만으로도 인내, 관용, 친절, 행복, 부족을 표현할 수 있다. 엄마가 "브라이언, 이리 와 봐."라고 말할 때, 엄마의 말투는 짜증이나 유쾌함 둘 중에 하나를 전달할 수 있다. 항상 밝은 에너지를 내는 사람과 함께 있으면 기분이 좋아지고, 그 사람과 함께 있으면 안정감을 갖고, 내가 받아들여지는 것 같은 편안함을 느낀다. 우리가 서로에게 그런 영향을 줄 수 있다면 얼마나 좋겠는가? 의사소통 기술을 향상시키고 싶다면 가장 큰 영향을 미칠 수 있는 부분부터 시작해야 한다. 자신의 목소리가 다른 사람에게 미치는 영향력을 인식하는 것만으로도 변화를 향한 첫걸음을 떼었다고 할 수 있다. 물론 근본적인 문제들을 해결해야겠지만 이것은 또 다른 주제다. 밝게 지내기 위해 스스로를 다스린다면 감정 또한 자연스럽게 따라온다.[53]

우리 자신의 태도나 표정 등을 인식할 수 있도록 정신을 바짝 차리고 있어야 한다. 우리가 조심스럽게 말한다고 해도, 말투 혹은 몸짓 언어만으로도 대화를 단절시킬 수 있다.

6. 순화된 언어를 사용하라

거칠고 정죄하는 것처럼 보이는 언어나 태도를 피하라. 감정을 자극하는 말도 피해야 한다. 의식적으로 은혜롭고 공격적이지 않게 말해야 한다. "유순한 대답은 분노를 쉬게 하여도 과격한 말은 노를 격동하느니라(잠 15:1)."는 말씀을 기억하자. 또 하나 기억해야 할 중요한 성경적 지혜는 잠언 12장 18절에 나와 있다. "칼로 찌름 같이 함부로 말하는 자가 있거니와 지혜로운 자의 혀는 양약과 같으니라."

최근에 십대 아들과 두 번의 대화를 나누었다.

그중 하나가 여기서 말하고자 하는 것의 사례가 되어 줄 것이다. 그러나 또 다른 대화는 부모로서 아쉬운 모습을 보여 주었다. 첫 번째 대화에서 우리는 아들이 언제, 어떻게 자동차를 사용할 수 있는지에 관해서 대화를 나누었다. "자동차가 필요할 때는 언제든 이야기하렴. 자동차를 쓸 수 없는 특별한 이유가 없는 이상 너는 차를 쓸 수 있을 거야. 나는 네가 신중하게 운전할 줄도 알고, 너를 신뢰하지만 그래도 행선지와 대략적인 사용 시간 정도는 내게 알려 주기를 바란다. 그러면 우리는 서로 좋은 결정을 내릴 수 있을 거야." 우리 대화는 서로 기분 좋게 끝났고 아들은 순순히 내 말을 따라 주었다.

그러나 두 번째 대화는 전혀 그러지 못했다. 아들이 패스트푸드 점에 차를 가지고 갔는데, 그때 속도위반을 했다는 사실을 동생들 중 한 명이 알려 주었다. 나는 앞뒤 가리지 않고 아들에게 비난과 독설을 퍼부었다. 그렇게 운전하는 것이 얼마나 멍청한 짓이며 위험한지 아느냐고 나무랐다. 면허를 정지시키고 싶은 마음이 든다고까지 말했다. 아들은 내 말로 인해 기분이 상했고, 나도 이 아이 때문에 마음이 좋지 않았다. 아들은 동생이 속도계를 잘못 본 것이라고 말하려 했지만 나는 아들의 말을 계속 끊었다. 나는 상당히 고약한 심보로 내 안의 방어기제를 작동시켰다. 그가 질문하려 할 때마다 감히 아빠에게 대든다는 생각이 먼저 들어 더 자기 방어적인 태도로 말했다. 말할 것도 없이 나의 취조하는 말투와 잘못을 단정짓는 태도 덕분에 우리 관계는 위기를 맞이했다. 나는 이렇게 대화를 망쳐 버린 이후에야 그에게 용서를 구했다.

나의 이러한 경험에서 교훈을 얻어 명확하고 건설적이며 설득력 있는 대화를 하라. 자기 방어적인 태도와 말투를 피해야 한다. 이것이 아들과의 두 번째 대화에서 내가 크게 실수한 부분이다. 첫 번째 대화에서는 겸손하고 친절하게 대화했기 때문에 싸움이 될 만한 여지가 별로 없었다.

바울은 아그립바와의 대화(행 26:3)에서 적대적인 환경에서 은혜롭게 말하는 모범을 보여 준다. 바울은 가이사에게 상소한 이후에 헤롯 대왕의 증손자인 아그립바 앞에 선다. 바울의 첫 마디는 순수한 그리스도인의 태도였다. "아그립바 왕이여 유대인이 고발하는 모든 일을 오늘 당신 앞에서 변명하게 된 것을 다행히 여기나이다 특히 당신이 유대인의 모든 풍속과 문제를 아심이니이다 그러므로 내 말을 너그러이 들으시기를 바라나이다(행 26:2-3)." 아그립바는 바울의 신중한 말에 영향을 받아 바울의 변론에 대해 "네가 적은 말로 나를 권하여 그리스도인이 되게 하려 하는도다(행 26:28)."라고 인정하며 "이 사람은 사형이나 결박을 당할 만한 행위가 없다(행 26:31)."라고 분명하게 판결을 내린다. 오래된 속담 하나가 이 상황을 잘 표현한다. "친절하게 행동하면 더 많은 것을 얻는다."

7. 명확히 이해하기 위해 애쓰고, '조력자 단어'를 사용하라

상대방의 말을 제대로 이해했는지 확인하라. 몇 년 전 나는 의사소통이 잘 되지 않아 힘들어하는 예비 부부 한 쌍과 상담한 적이 있다. 어느 날 예비 신랑이 신부 어머니를 칭찬하려는 의도로 무심코 한 말 때문에 평소보다 험악한 싸움이 일어났다. 예비 신부는 이 말을 모욕으로 받아들였고 격한 말이 뒤따랐다. 상대방이 말한 의도를 명확하게 파악하지 않으면 대화는 잘못된 방향으로 흘러갈 수 있다.

켄 산데(Ken Sande)의 저서 《화평하게 하는 자》(*The*

Peacemaker: A Biblical Guide to Resolving Personal Conflict)
에서는 명료함을 '상대방이 하는 말을 확실히 이해하는 과정'이라고 정의한다.[54] 명료함은 반드시질문을 포함할 수밖에 없다. 질문하되 정중하게해야 한다. 다음과 같은 질문은 상대방의 명확한의도를 파악하는 데 도움이 된다.[55]

"…라고 말하는 건가요?"

"좀 더 자세하게 알려 주세요."

"구체적인 예를 들어주시겠어요?"

"내가 이해한 것은 이렇습니다. 이게 맞나요? 아니면제가 틀린 건가요?"

　명료함을 추구함으로 상대방에게 그들이 걱정하는 것을 정확하게 들으려고 노력하는 모습을 보여 줄 수 있다. 이는 상대방에게 내가 경청하고 있다는 신호를 보내는 좋은 방법이며 이에 대해서는6장에서 다루도록 하겠다. 나는 어려운 대화를 나누고 있는 상황에서 상대방에게 명확하게 알기 위해 다시 설명해 달라고 요청하면 그들의 말투나태도가 부드러워지는 것을 종종 발견했다. 이렇게 하면 서로 간에 신뢰를 쌓고 흥분을 가라앉히고 차분한 대화로 이어지게 된다. 상대방도 내가 그들의 말을 들으려고 진심으로 노력한다는 것을 알게 되기 때문이다.

존 크로츠(John Crotts)는 도움이 필요할 때 소위 '은혜로운 조력자 단어'를 사용하라고 제안한다. 이러한 단어를 사용하면 불합리하거나, 거칠거나, 거만하거나, 권위적이거나, 독선적으로 들리는 것을 피할 수 있다. 그가 말하는 '은혜로운 조력자 단어'의 의미는 다음과 같다.

들었을 때 온유하며, 친절함이 떠오르게 할 단어와 문구를 대화에 포함시켜라. "내 생각에는", "내가 보기에는", "내 관점에서 봤을 때"와 같은 표현을 통해 내가 전지전능하지 않다는 것을 인정하라. 다른 사람들은 이미 당신이 전지전능하지 않다는 것을 알고 있다. 그럼에도 직접 그 사실을 인정하는 것은 당신의 말을 듣는 사람들에게 호감을 준다. ⋯ 자주 옳은 말을 하는 사람이라도 항상 옳은 사람은 없다. 당신이 성경적 진리에 대해 확실하게 많이 알고 있다 해도, 진리에 대해 토론할 때는 겸손한 표현과 겸손한 태도로 대화를 이어 나가야 한다.[56]

크로츠가 추천하는 다른 단어들로는 "이것이 맞는 방법인 것 같은데요." 혹은 "이 구절은 이런 뜻인 것 같아요." 아니면 "내 관점에서 봤을 때 그쪽으로 가는 것이 맞는 것 같아요." 등이 있다. 이런 단어들은 특히나 어렵거나 어색한 대화에서 사용하면 효과적이다. 공손한 모습과 자신의 한계를 인정하는 모습을 보여 줌으로 우리가 거칠거나 권위적이거나 독단적이라는 인식을 주지 않게 되기 때문이다. 이러한 말은 대화를 더 나은 방향으로 이끄는 데 도움이 된다.[57]

8. 받은 은혜를 기억하여 은혜를 베풀라

복음은 우리를 자유하게 하여 다른 모든 구원받은 죄인을 동등하게 대할 수 있도록 한다. 우리는 은혜 위에 은혜를 더한 은혜를 받았고, 지금도 여전히 하나님은 매일 우리 삶 가운데 은혜를 붓고 계신다는 사실을 기억해야 한다. 자신이 주께 얼마나 많은 은혜를 받았는지 깨닫는다면, 그는 다른 사람과의 의사소통에서 은혜를 불어넣을 수 있는 위치에 서게 된다.

우리는 1장에서 용서하지 않은 종의 비유(마

18:21-35)를 간략하게 살펴보았다. 예수님이 그 비유를 통해 가르쳐 주신 중요한 교훈을 기억해야 한다. 우리는 예수 그리스도의 속죄의 죽음을 통해 갚을 수 없는 죄의 빚을 탕감받게 되었다. 그러니 이제는 다른 이들에게 은혜를 베풀어야 한다. 이렇게 하면 어려운 대화를 복음 중심으로 이끌어 나갈 수 있다.

9. 적이 아니라 친구의 자세로 임하라

특별히 신학, 문화, 정치에 대한 문제로 토론할 때 이렇게 하는 것이 중요하다. 적이 아닌 친구의 자세로 대화에 임하는 것은 매우 큰 차이를 만들어 낸다. 상대방과 신학적 견해 차이가 너무 크면, 상대방이 신학적으로 틀렸기 때문에 그의 신앙도 잘못되었을 거라고 판단하기 쉽다. 물론 325년 니케아 공의회에서 아리우스파가 예수님이 '예수님이 아니었던 때가 있었다.'고 주장했을 때처럼 이단과 정통의 차이를 두고 논쟁할 때는 그렇게 판단할 수 있다.

하지만 대부분의 논쟁은 참된 기독교와 거짓 기독교의 차이를 가르는 문제가 아니다. 우리가 다른 그리스도인과 함께 대화할 때 그리스도 안에서 형제요 자매된 그들을 적으로 여겨서는 안 된다. 이는 죄를 범한 다른 그리스도인을 대할 때에도 마찬가지다. 바울이 에베소서 4장 15절에서 권면한 것처럼 우리는 사랑 안에서 진리를 말해야 한다. 켄 산데는 이렇게 말한다.

다른 사람의 잘못을 지적해야 할 때, 나 자신은 흠이 없고 상대방보다 우월하다는 식으로 말하지 않아야 한다. 그 대신 십자가 아래 나란히 서 있는 자세로 그들과 대화해야 한다. 그리고 지금 당신에게 여전히 구세주가 필요함을 인정하자. 당신이 이와 비슷한 죄나 아니면 다른 죄나 혹은 어떤 인간적인 연약함과 씨름할 때 하나님이 어떻게 당신을 용서하셨고 현재도 당신이 변화되도록 돕기 위해 일하고 계신지 설명함으로써 상대에게 소망을 주라. … 사람들이 이런 겸손과 동질감을 느낄 때, 그들이 교만하고 방어적인 태도로 대응하려는 경향이 줄어들 것이다.[58]

그리스도 안에서 형제, 자매 된 이들을 친구로 대한다면 대화를 시작할 때 어색하지 않고 좀 더 편안하게 다가갈 수 있게 할 것이다. 특히 다른 그리스도인들을 관리하는 그리스도인 상사들이 그렇게 한다면 더욱 좋을 것이다. 예수님이 사람들을 대하는 방식은 '제어된 힘'이라고 불렸다. 다시 말해 예수님은 다른 이들을 힘으로 제압할 수 있는 위치에 계셨지만, 그분은 거룩하시기 때문에 그 힘을 오용하여 적이나 친구 위에 군림하지 않으신다. 하나님의 아들이 다른 이들을 겸손하게 대한다. 그렇다면 구원받은 죄인인 우리는 얼마나 더 겸손해야 하겠는가?

이것은 산상수훈에 나오는 황금률의 실제적인 적용의 예다. "그러므로 무엇이든지 남에게 대접을 받고자 하는 대로 너희도 남을 대접하라 이것이 율법이요 선지자니라(마 7:12)." 황금률을 말에 적용해 보면, 주님은 자신을 따르는 제자들에게 자신이 타인에게 듣고 싶은 대로 그들에게 말하라고 하신 것이다. 다른 이들이 당신이 나쁜 의도로 그렇게 했을 것이라고 단정짓고 비방하기를 원하는가? 당신에게 변명할 기회조차 주지 않고 어떤 잘못을 저질렀다고 단정하기를 원하는가? 욕을 듣고 모욕의 대상이 되기를 원하는가?

그렇지 않다면 우리는 다른 사람을 폄하하는 방식으로 말하는 것을 피해야 한다. 예수님이 "이

것이 율법이요 선지자니라." 하고 말씀하심으로
써 다른 이들을 친절하고 공평하며 동등하게 대하
는 것이 하나님을 사랑하고 이웃을 사랑하라는 율
법의 요구를 이루는 것이라고 말씀하신다. 우리는
이에 따라 대화해야 한다.

10. 그리스도께 소중한 사람과 대화하고 있음을 기억하라

지금 당신이 다른 그리스도인과 대화 중이라
면 예수님이 피 흘려 살린 사람, 즉 예수님이 소
중히 여기는 사람과 이야기하고 있는 것이다(고전
8:11; 롬 14:15). 존 크로츠는 "그리스도의 몸에서 가
장 연약한 그리스도인은 얼마나 귀한 존재일까?
예수님이 생각하시는 그들의 가치는 얼마만큼일
까? 연약한 그리스도인들은 예수 그리스도의 피
만큼이나 귀한 존재다."[59]라고 말한다.
또한 예수님은 산상수훈에서 우리가 남에게 대접
받고자 하는 대로 남을 대접하라고 하셨다. 괄시
당하고 싶은가? 위축되고 싶은가? 아니면 하나님
의 형상대로 지음 받은 한 사람으로서 존귀하게
여김 받고 싶은가?
전지전능하신 하나님이 당신의 입술을 감찰하

시며 세세한 부분까지 관심을 갖고 계신다는 사실을 기억하자. 이것을 기억한다면 거칠고 비판적인 언행을 걸러내는 데 도움이 될 것이다. 크로츠는 냉정하게 지적한다. "하나님이 내가 하는 모든 말을 듣고 계시고 목소리의 사소한 변화까지도 즉각적으로 인식하며, 그분의 거룩함이라는 최고 기준에 따라 책임을 물으신다는 사실을 안다면 다른 사람에게 최대한 조심스럽게 말하지 않겠는가?"[60]

때로는 다른 사람과 평화롭게 지내는 것이 불가능할 때도 있다. 바울은 "할 수 있거든 너희로서는 모든 사람과 더불어 화목하라(롬 12:18)."는 말씀을 통해 이러한 상황을 예상하며, 상대방이 우리와 화해하려 하지 않을 때에 그들을 대하는 태도에 대한 교훈을 준다. 우리는 할 수 있는 한 최선을 다해 우리의 태도와 대화에서 화평을 추구해야 한다. 하지만 할 수 있는 모든 것을 다 했어도 상황이 여전히 불안정하다면, 기도하는 마음으로 모든 결과를 하나님의 손에 맡기며 원수까지 사랑하신 그리스도를 기억해야 한다. 그리고 예수님은 우리도 그렇게 하라고 부르셨다.

루마니아의 루터교 목사였던 리처드 웜브란트 (Richard Wurmbrand)는 1940년대 후반부터 1964년까지 무신론 공산주의 지도자들로 인해 12년 이상을 감옥에서 보냈다. 그는 부쿠레슈티(Bucharest) 주변의 여러 지저분한 수용소를 전전하며 반복적으로 구타당했고 굶주림을 겪었다. 그는 수십 차례 취조당하며 무신론적 공산주의 교리에 저항했던 다른 루마니아 목사들과 함께 세뇌당했다. 또한 모든 심문이 폭력적인 형태로 변했을 때도 웜브란트는 그리스도가 보이신 사랑의 태도와 언행을 유지했다. 그래서 수많은 취조자들을 회심하게 했다.

웜브란트가 자신을 괴롭히며 고통스럽게 했던 사람들을 사랑으로 대하는 태도에 놀란 사람들은 오히려 그에게 우호적인 태도를 갖게 되었다. "리처드에게 있어 … 사랑은 폭력보다 더 강력한 것이었다. 사랑만이 가장 무자비한 취조자들의 마음까지 누그러뜨릴 수 있었다."[61] 이것은 마치 그리스도가 자신을 십자가에 못 박은 사람들을 대하던 모습을 연상시킨다. 그리스도는 우리를 위해 피흘려 죽으시던 가장 어두운 날에도 살인자들을 위해 "아버지, 저들을 사하여 주옵소서 자기들이 하는 것을 알지 못함이니이다(눅 23:34)."라고 기도하셨다. 가장 가혹한 대우를 받으시는 중에 드러난 그리스도의 사랑이 갈등이 발생하는 모든 대화에서 우리의 말과 말투에 입혀져야 한다.

결론

지뢰밭 같은 대화를 안전하게 지나가려면 미온적으로 반응해도 안 되고, 과잉 반응을 해서도 안 된다. 미온적인 반응은 무리하게 타협을 시도하거나 불가피하지만 어려운 일은 대면하지 않으려 하거나 논의 중인 문제를 진지하게 다루려 하지 않는 것을 의미한다. 반면에 과잉 반응은 관계를 깨지게 하며, 그릇된 분노가 터져 나와 상황을 더 악화시킬 수 있다. 하나는 태만의 죄고 또 하나는 충동의 죄다. 한 반응은 너무 방어적이고 다른 하나는 너무 공격적이다. 둘 다 죄악이며 이것은 더 큰 죄로 이어진다.

그리스도를 따르며 무엇을 하든지 다 하나님의 영광을 위해서 하라는 부르심을 받은 자로서 (고전 10:31) 우리는 이 두 극단을 모두 경계해야 한다. 우리는 다른 사람과 대화하는 방식에서 건강하고 성경적인 균형을 잃지 않도록 기도로 간구해

야 하며, 은혜와 진리가 풍성한 그리스도를 닮은
태도로 어려운 대화를 대처할 수 있도록 그분의
도움을 구해야 한다.

Taming the Tongue

6장

글은
더 빨리, 더 멀리 간다

엄지손가락을 통제하지 않고 스스로를 독실하다고
생각한다면 그의 경건은 헛것이고 자기 마음을
속이는 것이다.

_맷 스미서스트(Matt Smethurst)의 스마트폰 시대를 위한 야고보서 1장 26절

내 눈을 돌이켜 허탄한 것을 보지 말게 하시고 주의
길에서 나를 살아나게 하소서(시 119:37).

   미국 국립기상청에서는 강하고 격렬한 토
네이도나 극심한 뇌우가 예측되는 날에는
PDS(Particularly Dangerous Situation, 특별히 위험한 상

황)를 발령한다. 이 용어는 거의 사용되지 않기 때문에 우리에게 익숙하지 않다. 그만큼 특별히 위험한 상황에서만 사용되는 용어다. 내 기억으로는 지난 10년 동안 PDS가 발령된 것은 서너 번 정도였던 것 같다. 그때마다 중서부와 중남부 지역에서 꽤 심각한 토네이도가 발생했었다.

나는 최근에 큰 인기를 끌고 있는 커뮤니케이션의 한 형태인 소셜 미디어에 PDS 경고를 발령하고 싶다. 지난 10년 동안 무인도에서 혼자 살고 있었던 것이 아니라면 페이스북, 트위터, 인스타그램과 같은 플랫폼에 대해 이야기하고 있다는 것을 눈치 챘을 것이다. 그리스도인이 말을 어떻게 사용해야 하는지에 대해 성경이 기대하는 바와 관련해서 볼 때, 이 플랫폼들은 특별히 위험한 상황(PDS)을 보여 준다.

예를 들어 누가 페이스북에 자기 자신을 나쁘게 보일 만한 게시물을 올리겠는가? 실제 우리 삶이 우리가 말하는 것만큼 즐겁고 풍성한가? 정말 대부분의 시간을 해변가에서 보내거나 예의 바르고 공부 잘하는 자녀들과 함께 웃으며 보내고 있는가? 거기에 올라온 게시물이 우리 자신에 대해 완전한 진실을 말하고 있는가?

내가 좀 구식이라서 그런지는 모르겠지만 (다이얼을 돌려 전화를 걸고 카세트테이프를 듣고 자랐기 때문에) 솔직히 소셜 미디어가 무섭다. 나는 복음 중심의 콘텐츠를 대중에게 공유하기 위해 매일 소셜 미디어를 활용하는 복음연합(TGC)에서 일하기 때문에 소셜 미디어를 자주 접할 수밖에 없다. 나는 복음연합을 비롯한 여러 사역단체들이 소셜 미디어를 활용하는 방식에 감사하고 있다. 아내와 나는 페이스북 공동 계정을 가지고 있다. 트위터로는 다른 그리스도인들을 팔로우하고, 새로 올라온 뉴스를 바로 확인하거나 야구와 미식축구 계정을 팔로우하는 데 사용하고 있다.

하지만 나는 트위터에 게시물은 거의 올리지 않는다. 페이스북이나 트위터를 사용하는 것이 본질적으로 잘못된 것은 아니다. 개인 취향에 따라 사용해도 되고 사용하지 않아도 괜찮다. 하지만 나는 세 가지 이유 때문에 트위터를 사용하지 않는다. 첫 번째, 나는 책과 신문기사를 읽고 쓰는 것을 선호한다. 성인이 된 이후로 대부분의 시간을 이 두 가지 활동을 하면서 보냈다. 두 번째, 나는 남편, 아버지, 목사, 편집자이자 작가, 겸임 교수, 아마추어 골퍼로서 내 소명을 다하고 나서 내게 주어지는 약간의 시간이 무척 소중하다. 사실 요즘에는 골프 칠 여유조차 없다. 그래도 다른 모든 일들로 인해 충만하지만 한편으로는 정신없는 일상을 보내고 있다. 그런데 소셜 미디어는 중독될 수밖에 없는 구조를 가지고 있다. 당장 내가 여기에 중독된다면 내 일상은 엉망이 될 것이다.

하지만 세 번째 이유가 가장 중요하다. 나는 나 자신이나 매체를 믿지 않는다. 나는 항상 말을 잘 사용하지는 못하며, 분노를 잘 다스리지 못하며, 강한 신념을 가지고 있는 죄인이다. 저스틴 사코가 올린 인생을 거의 망하게 한 트위터 게시물을 생각해 보자. 내가 트위터에 부적절한 게시글을 하나 올렸을 때 줄줄이 악플이 달린다고 생각만 해도 두드러기가 올라올 것 같다. 나는 격렬하게 논쟁하거나 의견 제시하는 것을 싫어하는 사람은 아니다. 하지만 잠언 10장 19절 말씀은 이렇게 이야기한다. "말이 많으면 허물을 면하기 어려우나." 나는 오늘 책임져야 할 죄악된 말은 오늘 뱉은 말로 충분하다. 트위터에서 지나치게 적극적으로 활동하는 것은 죄만 더할 뿐 그만한 가치가 없다. 게다가 나는 목사다. 나는 성도들이 특정 이슈에 대한 나의 생각을 소셜 미디어 내에서의 토론이 아닌 나와 만나 대화를 통해 알게 되기를 원한다.

앞서 언급한 말에 대한 모든 경고와 지혜의 원칙은 소셜 미디어에도 적용된다. 다만 다소 제한적일 수밖에 없는데, 그것은 소셜 미디어 자체가 관계 형성과 대화의 수단으로써 많은 위험을 내포하고 있기 때문이다. 이것이 바로 내가 우려하는 점이다. 인터넷에서 소통할 때는 항상 PDS를 발령하고 말에 각별한 주의를 기울여야 한다.

1. 소신 발언이 항상 현명한 발언은 아니다

아마도 소신 발언(hot take)은 결코 겸손하거나 현명한 발언이 아니라는 것이 좀더 정확하고, 이 책의 주요한 주제에 따라서 이야기해 보면 좀 더 관대한 표현일 것이다. 나는 이 말을 뒷받침할 정황적 증거를 (아주 많이) 가지고 있다. 물론 우리는 신문과 잡지 외에 속보를 접할 매체도 필요하다. 나도 속보를 접하기 위해 트위터를 많이 사용한다. 하지만 항상 속보가 필요한 것은 아니다. 특히 논란에 대응하는 경우라면 더욱 그렇다. 생각이 성숙해지는 데는 시간이 필요하고, 말이 신중하게 다듬어지는 데도 시간이 필요하며, 사상이나 견해는 깊은 연구와 면밀한 조사가 필요하다. 이 모든 과정에는 성급한 반응과는 정반대의 인내심이 필요하다.

감정을 자극하는 일에 과민하게 반응했다가 다음 날이면 그렇게 반응한 것을 후회하거나 아니면 그렇게 반응하지 않은 것에 감사하는 경우가 자주 있는가? 나는 열에 아홉은 그렇다. "듣기는 속히 하고 말하기는 더디 하며(약 1:19)" 또는 "잠잠하여 미련한 자로 남는 것이 입을 열어 모든 의심을 없애는 것보다 나으니라."는 속담도 있다.

2. 편집자가 존재하는 데는 이유가 있다

나는 '문장 수리공'으로 오랫동안 일해 왔기 때문에 이 말이 편파적이라고 생각할 수도 있을 것이다. 솔로몬이 잠언을 쓸 때는 편집자라는 직업을 염두에 두지는 않았을 것이지만, 잠언 11장 14절의 원칙을 편집에 적용해 볼 수 있을 것이다. "지략이 없으면 백성이 망하여도 지략이 많으면 평안을 누리느니라." 게시물을 올리기 전에 먼저 다른 사람들이 읽고 평가하거나 수정하는 것을 불편하게 여기는 소셜 미디어 사용자를 조심해야 한다. 특히 스스로를 '분별력 있는' 블로거라고 주장하는 사람들을 조심해야 한다. 보통 이런 블로거의 글을 한 번 훑어보면 분별력이 없다는 것을 (편집자나 외부 독자가 없다는 것도) 알 수 있다. 인터넷은 광대한 자유주의 대륙이기 때문에 그런 블로거들이 존재할 수 있다. 미국 헌법은 언론의 자유를 보장하지만, 성경은 하나님의 백성이 어떻게 말해야 하는지에 현명한 가이드라인을 제시한다.

소셜 미디어에서는 격식을 차리지 않고 농담을 주고 받는다는 점을 생각해 보면, 트위터나 페이스북에서 다른 사람에게 한 말에 대해 책임지는 사람은 거의 없을 것이다. 블로그도 마찬가지다. 소셜 미디어에는 심판이 없다. 책(자비 출판을 제외하고), 신문, 잡지에 실리는 글을 통해 하는 소통이 더 우수한 이유 중 하나는 일반적으로 기사나 사설, 칼럼 등은 여러 경로를 통해 엄격한 편집과 사실 및 출처 확인 작업을 거치기 때문이다. 30년 가까이 기자와 편집자로 일해 온 내가 트위터나 페이스북 사용을 주저하는 가장 큰 이유는 바로 이것 때문일 것이다. 작가로서 나는 편집자가 필요하고 죄인으로서 나는 책임감이 필요하다.

사람들은 블로그와 소셜 미디어가 매력적인 이

유는 게시 결정권자나 편집자의 제재를 받지 않기 때문이라고 말한다. 나도 어느 정도는 그런 매력이 있다는 것을 이해한다. 하지만 글을 잘 쓰고 생각을 잘하는 사람들은 그의 신학적, 정치적, 사회적 스펙트럼에 상관없이 작가로 채용된다.

3. 글은 말보다 유통기한이 길다

문자화된 말은 언제나 영원히 존재한다는 단순한 이유 때문에 그렇다.

이름을 밝힐 수 없는 내 친구 목사가 화가 나서 무례하고 부적절한 트윗을 보낸 적이 있었다. 그의 친구들 중 한 명을 겨냥하여 비꼬는 게시물 때문이었다. 그리고 5분 정도 다시 생각한 후에 친구 목사는 자기 트윗을 삭제했다. 그러나 처음에 게시물을 올린 사람은 그 친구의 메시지를 저장해 두었다. 이 둘이 화해하기까지 여러 번의 전화 통화와 긴 대화가 필요했다.

회사의 소셜 미디어 계정을 관리하던 또 다른 친구 하나는 실수로 회사의 민감한 정보를 트위터에 올리게 되었다. 그는 자기 실수를 깨닫고 게시물을 올린 지 2분 만에 삭제했지만 이미 많은 언론은 그가 올린 주제에 대한 기사를 작성하는 중이었다. 그리고 내 친구는 해고되었다.

소셜 미디어 군중들과 그들의 저질스러운 형태에 대해 논하자면 끝이 없을 것이다. 다만 우리가 전통적으로 생각하는 폭도는 소셜 미디어 군중들이 자신들과 반대되는 생각을 하는 이들을 괴롭히고 그들의 평판을 훼손하는 것에 비하면 아무것도 아니라는 점만 말해 두겠다.

4. 댓글로는 그 사람의 감정을 알 수 없다

그래서 웃는 얼굴, 윙크하는 얼굴, 화난 얼굴 등 이모티콘을 사용한다는 것을 나도 알고 있다. 물론 온라인 기사와 게시물에도 댓글 창은 있다. 하지만 말투, 몸짓 언어, 찡그린 표정, 미소, 웃음, 장난기 어린 풍자 등 대화를 입체적으로 만들어 주는 수많은 감정을 표현할 수는 없다. 댓글 창도 기사, 블로그, 게시물, 트윗과 동일한 위험에 노출되어 있다. 대부분의 댓글과 댓글 작성자가 지혜를 제공하고 논쟁을 우아하게 발전시키는 데 이바지한다고 말할 수 있겠는가?

글로 하는 소통은 독자와 공간적, 시간적으로

분리되어 있기 때문에 비인격적이고 일방적일 수밖에 없다. 그래서 우리는 우리가 전하려는 메시지가 제대로 전달될 수 있도록 필요한 모든 예방책을 강구해야 한다. 신문 기자 시절 동료 중 한 명은 그가 쓴 사설에 불만을 표현하려고 사무실에 전화를 건 독자와의 대화에서 이 점을 잘 포착했다. "사설을 읽고 기분이 좀 상했습니다."라고 독자가 말하자 동료 기자는 "오, 죄송해요. 사실은 기분을 더 많이 상하게 할 의도로 작성된 기사입니다."라고 대답했다.

5. 익명성에 숨어 책임을 회피한다

그 누구도 페이스북이나 트위터에서 하는 말을 다른 사람 면전에 대고 직접 하지는 못할 것이다. 상대를 앞에 두고 어려운 말을 하는 데에는 용기가 필요하다. 하지만 온라인에서는 모욕적인 말을 쓰고도 '게시하기'를 누르는 데 이러한 용기가 필요하지 않다. 우리는 그 사람과 완전히 분리되어 있기 때문이다. 또 자신이 하는 말이 상대방이나 그의 평판에 어떤 영향을 미칠지 전혀 알지 못하기 때문이다.

공간적 거리는 이런 현실을 가능하게 한다. 얼굴을 마주하고 이런 이야기를 해야 한다면 우리는 훨씬 더 조심스럽게 이야기할 것이고, 어쩌면 친절하게 말할 수도 있을 것이다. 그래서 나는 성도와 어려운 대화를 나눠야 하는데 만날 수 없는 상황이라면 전화 통화를 하거나 스카이프(Skype)나 페이스 타임(Face time)을 사용한다. 이런 매체를 이용하면 직접 대면하는 대화와 비슷한 효과를 낼 수 있다.

6. 주목받고 싶은 사람들을 끌어 모은다

소셜 미디어는 자극적인 주제로 사람들을 끌어 모으고, 그들에게 심리적인 만족감을 준다. 어떻게 하면 500개의 좋아요, 만 명의 팔로워를 손쉽게 모을 수 있을까? 아마도 성경 구절이나 청교도들의 글을 게시하는 것으로는 할 수 없을 것이다. 보통은 도발적인 내용으로 팔로워를 얻고, 극단적인 의견들로 좋아요(혹은 분노 이모티콘)를 누르게 하거나 팔로워를 증가시킨다. 모든 그룹 내에서 양극단에 있는 사람들은 가장 큰 소리를 내고, 관심을 가장 많이 받고자 하며, 가장 영향력 있는 사람이 되려는 경향이 있다.

소셜 미디어는 극단적인 사람들에게 적합한 매체다. 그곳에는 그들의 의견을 들어주는 이들과 반대하는 이들로 가득하다. 다시 말해 소셜 미디어는 신중하게 접근해야 할 필요가 있는 복잡다단한 문제에 대해 진지하고 유익한 토론이나 논의를 위해 적합한 곳은 아니다. 소셜 미디어는 사람들의 인정 욕구를 조장한다. 더 많은 팔로워와 댓글 작성자가 자신의 의견을 지지하고 격려하면 할수록 이미 한 말에 대해 비판적으로 반성하거나 정정할 가능성은 줄어든다. 게다가 우리는 지지자들이 늘어나고, 그들이 더 크게 지지해 주기를 바라기 때문에 자신의 의견을 더 강하게 이야기하기 쉽다.

기독교적 맥락에서 볼 때, 신자가 성숙할수록 도발적인 행동을 할 가능성은 줄어든다. 나의 친구 맷 스미서스트는 트위터에서 이렇게 말했다. "미성숙한 그리스도인을 기쁘게 하는 것은 어렵고, 기분 나쁘게 하기는 쉽다." 그렇다면 성숙한 그리스도인들은 왜 소셜 미디어에 많은 시간을 할애할까? 우리는 이 질문에 객관적인 대답을 할 수 없다. 하지만 충분히 고민해 볼 가치가 있는 질문이다. 또 인터넷 사용 시간을 어떻게 조절할지 고민하면서 나 스스로에게 묻는 질문이기도 하다.

7. 모든 사람이 트위터를 사용하는 것은 아니다

전 세계 인구는 70억 명에 달하지만 트위터를 매일 사용하는 사람은 1억 2,600만 명에 불과하다. 사회 정의나 자유의지 신학 혹은 정치인들의 헛소리를 꼬집는 당신의 게시물에 달린 25개의 악플은 당신의 생각이 어떠하든 그리 큰 의미를 갖는 것은 아니다. 예를 들어 트위터에 300개의 댓글이 달리고 페이스북에서 400개의 좋아요를 받았다고 해서 당신과 당신의 반려동물 문제에 대해 많은 증인이 모였다는 것을 의미하지는 않는다.

당신이 바늘 끝에서 춤출 수 있는 천사의 수나 아담에게 배꼽이 있었는지에 대해 소셜 미디어에서 토론하는 동안 다른 사람들은 대부분 일을 하거나 가족, 친구, 교인들과 시간을 보내고 있을 것이다. 골프장, 야구장에서 시간을 보내거나 등산을 하거나 해변에서 느긋하게 휴식을 취하고 있을 것이다.

기자 생활 당시 까칠했던 신문 편집자 동료 한

명은 "아무도 네가 하는 말에 신경 쓰지 않아."라고 말하곤 했다. 이 말은 내가 이 책에서 말하고자 하는 주요 논지와 정반대로 들릴 수도 있을 것이다. 그러나 감정을 배제한 채 냉정하게 단순히 이 말이 전하는 의미만 보자면 사실이다. 지난 몇 년간 트위터에서 목격한 가장 추악한 신학 논쟁 중 두 가지는 삼위일체와 사회 정의에 관한 것이었다. 이 논쟁은 우리 중 몇몇에게는 엄청나게 치열한 문제였는데, 문제는 단지 몇몇에게만 그랬다는 점이다. 우리는 이것을 명심해야 한다. 내가 섬기는 교회의 교인들은 이 두 가지 논쟁을 거의 알지 못했다. 나는 우리 교인들이 유별난 이들이라고 생각하지 않는다.

유용하게 사용할 수 있을까?

나는 그리스도인들과 그리스도인 리더들이 소셜 미디어를 선한 목적으로 사용할 수 있다고 믿는다. 좋은 책을 추천하고 성경 구절을 공유하기에 정말 좋은 매체다. 다른 사람과도 쉽게 소통할 수 있게 해 준다.

50년 넘게 사역하신 내 멘토 중 한 분은 신학적으로 상당한 견해 차이를 보이는 사람들에게 정기적으로 편지를 쓴다. 나는 그가 쓴 편지를 많이 보았고 이 편지를 받은 이들과 이야기를 나눠 본 적이 있다. 어떤 경우에는 심각한 의견 차이를 보이기도 했지만 그들 모두 입을 모아 이런 식의 토론이 얼마나 적절하고 유익했는지 이야기했다. 이러한 접근 방식은 툭 던지고 쏙 빠져 버리는 트위터의 특성을 피하는 데 도움이 된다.

그리스도인은 소셜 미디어를 신중하게 사용해야 하며, 소셜 미디어에 너무 많은 시간을 쓰지 말아야 한다. 그곳에서 일어나는 대화가 현실 세계나 지역 교회 대다수 사람들의 생각을 온전히 반영한다고 착각하는 잘못된 생각을 피해야 한다.

모든 무익한 말을 기억하라

이 책의 2장에서 예수님이 하신 말씀 중 가장 두려운 구절을 살펴보았다. "내가 너희에게 이르노니 사람이 무익한 말을 하든지 심판 날에 이에 대하여 심문을 받으리니 네 말로 의롭다 함을 받고 네 말로 정죄함을 받으리라(마 12:36-37)."

이 말씀을 읽을 때 단순하게 우리 입을 통해 나오는 말만 생각하기 쉽다. 그러나 예수님은 우리가 부주의하게 쓴 글이나 소셜 미디어에 올린 게시물, 댓글, 문자메시지, 이메일을 보낼 때 사용하는 모든 무익한 말로도 심판받게 될 것이라고 말씀하시는 것이다. 그러니 인쇄 매체나 전자 매체를 통해 글로 소통할 때에도 어떻게 이웃을 사랑할 수 있을지 더욱 신경써야 할 것이다. 소셜 미디어를 사용하는 것은 죄가 아니다. 우리가 신중하게 사용한다면 말이다. 하지만 이웃과 주님과의 관계를 손상시키지 않도록 타이핑을 해야 하고 전송 버튼을 클릭하기 전에 깊이 생각하고 기도해야 한다. 말하기는 천천히, 타이핑은 느리게, 듣는 것은 속히 해야 한다.

이제 다음 장에서는 듣는 것에 대한 그리스도인의 책임에 대해 논하려고 한다. 말에 대한 책에서 언급하기엔 다소 엉뚱하게 보일 수 있지만 듣는 것까지 이야기를 해야 마무리가 된다.

나는 비천한 것을 내 눈 앞에 두지
아니할 것이요(시 101:3a).

7장

말이 많은 사람을 위한 조언

.

내 사랑하는 형제들아 너희가 알지니 사람마다
듣기는 속히 하고 말하기는 더디 하여 성내기도 더디
하라(약 1:19).

귀가 열려 있다는 것은 매우 훌륭한 일입니다.
어떤 이들은 특히 하나님의 말씀과 그 말씀 안에서
들려오는 하나님의 음성을 듣는 것에 매우 느립니다.
우리 귀가 막히지 않아서 진리의 말씀 한 절 한
절을 기꺼이, 유쾌하게, 끈기 있게 들을 수 있다면
얼마나 좋을까요? 하나님은 우리에게 속히 들을
귀를 주셨습니다. 때때로 사람들은 말을 빨리 할 때

다른 부분의 반응도 빨라져서 흥분과 과도한 열정을 동반하기도 합니다.

_C. H. 스펄전, 야고보서 1장 19절 설교 중에서

우리 아이들은 말을 잘 듣지 않는다. 아마도 이러한 결핍은 아빠인 나에게서 유전된 것이라고 생각된다. 내가 가장 좋아했던 고등학교 때 선생님은 이렇게 말씀하셨다. "로빈슨, 하나님이 너에게 두 개의 귀와 하나의 입을 주신 데에는 다 이유가 있다. 그게 무슨 뜻인지 알겠니?" 놀랄 것도 없이 학창시절 끊임없이 나를 곤경에 빠트린 것은 바로 내 입이다. 우리 아이들도 마찬가지였다. 몇 년간 선생님들이 보내신 쪽지에는 모두 말과 관련된 행동을 지적하는 내용이 있었다. 두 아들과 두 딸에게 귀는 두 개, 입은 하나라는 사실을 끊임없이 상기시키지만, 아이들은 여전히 부모인 우리가 중요한 말을 할 때는 잘 듣지 않는다.

나는 목사다. 그래서 잘 듣기 위해 노력해야 했다. 정말로 경청하기 위해, 즉 모든 정보를 잘 이해하고 공감하고 적절하게 반응하기 위해 노력했다. 우리 중 많은 사람들, 심지어 듣는 일로 돈을 버는 사람들조차 생각하는 것만큼 잘 듣지 못한다고 생

각한다. 왜냐하면 자기 스스로를 필요 이상으로 과대평가하는 경향이 있기 때문이다. 나는 경험과 관찰을 통해 사람들이 다른 사람들의 말을 경청하는 척하지만 실제로는 경청하지 않는데 사용하는 네 가지 교묘한 수단을 발견했다.

1. 마지못해 듣기: 대화중인 상대방이 말을 멈추기가 무섭게 자신이 하고 싶은 말을 하거나 상대방의 말에 대답하는 경우다. 듣는 내내 대답할 말을 생각하기에 급급하기 때문에 상대방이 하는 말에서 매우 단편적인 정보만 얻을 수 있다.

2. 다음 기회를 노리며 듣기: 가장 무례한 형태라고 할 수 있다. 많은 사람과 한 공간에서 대화를 나눌 때 주로 일어난다. "네." 혹은 "정말요?" "좋네요."와 같은 단답형으로 대답하며 고개를 끄덕이며 듣는 척하는 것이다. 하지만 시선은 상대방의 어깨 너머를 향한다. 더 흥미로운 대화를 나눌 상대를 탐색하거나 빠져나갈 탈출구를 찾는 것이다. 이런 것은 경청이 아니다.

3. 논쟁하기 위해 듣기: 이것은 마지못해 듣기와

비슷하지만 약간 다른 점이 있다. 의견이 다른 사람과 대화를 나눌 때 일어난다. 상대방의 주장에 끼어들어 반박할 수 있도록 핵심 정보만 수집하는 것이다. 이렇게 들으면 상대방이 진짜로 무엇을 말하고 있는지 놓치기 쉽다.

4. 정중해 보이지만 듣지 않기: 아내는 내가 이런 유형의 듣기에 전문가라고 말하는데, 아내 말이 맞는 것 같다. 특히 목회자들은 이런 유형의 태도로 어려움을 겪을 수 있다. 이러한 유형의 사람은 상대방을 여러 번 만났어도 이름을 알지 못하고 얼굴을 기억하지 못한다. 나와 수년 동안 대화를 나눴던 유명한 남침례교 목사님이 있다. 이분과는 오랜 시간 대화했고, 같은 동네에서 자랐고 심지어 우리 가족과 여러 번 만나기도 했었다. 하지만 그와의 만남은 보통 이렇다. (그는 내 이름을 알고 있다고 확신하고 이야기한다.) "짐, 만나서 정말 반가워요. 아내 린다는 어떻게 지내요?" 이 책의 표지에 분명히 적혀 있듯이 내 이름은 제프고, 아내 이름은 비슷하긴 하지만 린다가 아니라 리사다. 한 번은 내게 '레슬리'는 잘 지내냐고 물어본 적도 있다. 이분과 대화하는 것은 즐겁지만 내 이름을 기억한

다면 좀더 기분이 좋을 것 같다. 실제로도 그분은 잘 듣고 있지 않다는 느낌을 준다.

익숙한 이야기인가? 특히 목사로서 나는 경청하지 않는 것에 큰 죄책감을 느낀다. 앞서 다섯 개의 장을 통해 나는 우리가 좀 더 나은 그리고 좀 더 그리스도를 닮은 대화자가 될 수 있도록 도우려고 노력했다. 그러나 진중하고 진실한 경청에 대해 논의하지 않는다면 말에 관한 이 책은 완성되지 않는다고 생각한다. 어느 누구도 말하고, 말하고 또 말하기만 할 수는 없다.

대부분의 사람들이 하루 이만 개의 단어를 사용한다고 하는데, 나는 오만 개의 단어쯤은 가뿐히 사용하는 수다쟁이를 만난 적이 있다. 이런 사람들이 얼마나 다른 사람의 진을 빼는지 너무나 잘 알고 있을 것이다. 국회에서 필리버스터(무제한 토론)를 하듯 끊임없이 말을 토해 내는 것은 이웃을 나보다 낮게 여기는 것이 아니며, 내 몸과 같이 사랑하는 것이 아니다. 나는 그런 사람이 되고 싶지 않다.

게다가 성경은 경청을 중요하게 강조한다. 성경은 지혜로운 사람을 듣는 자로 묘사하며 끊임없이 떠들고 다른 사람의 말과 의견을 듣는 것을 가벼이 여기는 사람들을 향해 이렇게 지적한다.

미련한 자는 명철을 기뻐하지 아니하고 자기의 의사를 드러내기만 기뻐하느니라(잠 18:2).

사연을 듣기 전에 대답하는 자는 미련하여 욕을 당하느니라(잠 18:13).

네가 말이 조급한 사람을 보느냐 그보다 미련한 자에게 오히려 희망이 있느니라(잠 29:20).

내 사랑하는 형제들아 너희가 알지니 사람마다 듣기는 속하고 말하기는 더디 하며 성내기도 더디 하라(약 1:19).

어리석은 사람은 상대방의 말을 경청하는 데 시간을 들이지 않고 상대방의 말을 깊이 생각할 시간도 갖지 않는다. 이것이 욥의 세 친구 엘리바스, 빌닷, 소발이 앓았던 병이 아니었을까? 잘 듣지 않는 사람을 위한 명예의 전당이 있다면 이 세 사람이 가장 높은 자리에 앉았을 것이다.

우리는 듣기는 하지만 귀담아 듣지 않는다. 친구들과 함께했던 귓속말 게임을 기억하는가? 선두에 있는 사람이 옆 사람 귀에 어떤 말을 속삭이면 들은 사람은 차례대로 옆 친구에게 똑같이 전달하는 게임이다. 그렇게 맨 끝에 있는 사람까지 말이 전달되었을 때 마지막에 있는 사람은 자기가 들은 말을 말하면 된다. 그런데 처음 사람이 두 번째 사람에게 전달한 내용과 전혀 다른 내용이 나오는 경우가 허다했다.

디팍 레주(Deepak Reju)는 집중하여 경청하지 못하는 것에는 조급함, 피곤함(이는 설교를 들을 때도 영향을 미친다.), 산만함, 다른 사람의 말을 방해하는 행동 등 여러 요인이 있다고 주장한다. "당신은 생각이 조급하고 혀의 고삐는 풀려 있어서 상대방이 말하기도 전에 벌써 말을 꺼내고 있다."[62]

어떻게 하면 야고보의 권면에 따라 말하는 것은 더디게 하고 듣는 것은 속히 할 수 있을까? 그리스도를 따르는 사람으로서 정확한 정보를 얻고, 다른 사람을 어떻게 도우며, 기도하는 방법을 알고, 다른 성도의 마음에 공감하는 방법을 배우기 위해서 경청은 매우 중요하다. 또한 그리스도의 몸 안에서 성경이 말하는 "서로 사랑하라."는 새 계명을 실천하는 데 있어서도 중요한 부분이다. 때때로 주어진 상황에서 지혜롭게 말하기 전에 먼저 할 일은 잘 듣는 것이다. 말을 많이 하는 사람일수록 잘 듣는 기술을 더 향상시킬 필요가 있다.

어떻게 하면 듣는 것을 속히 할까?

1장에서 하나님이 단어와 구와 절을 사용하여 우리에게 말씀하시기 때문에 말이 중요하다고 했다. 하지만 우리가 그분의 말씀을 읽고 묵상할 때 실제로 우리는 무엇을 하고 있는가? 그분의 말씀을 듣고 있다. 우리는 하나님의 말씀을 듣는 자들이다. 설교를 들을 때 우리는 하나님의 말씀을 듣는 사람이 된다. 데이비드 폴리슨(David Pawlison)이 주장하듯 하나님은 말하는 자들을 원하기도 하지만 그보다 더 원하는 것은 듣는 자들이다.[63]

하나님은 단순히 듣는 것뿐만 아니라 전심을 다해 듣는 자들을 원하신다. 왜 그럴까? 하나님은 우리에게 자신에 대해 말씀하고자 하시기 때문이다. 그리고 우리는 말하기가 아닌 듣기를 통해 성장하기 때문이다. (그래서 입은 하나이며 귀는 두 개다.)

20년 넘게 신문기자로 일하면서 정기적으로 사람들을 인터뷰하는 일을 맡았었다. PGA 골프

선수, 메이저리그 야구 선수, 대학 미식축구 선수부터 전투기 조종사, 수감되어 있는 사형수, 육군 장군, 불법 무장단체 리더 그리고 수십 명의 평범한 사람에 이르기까지 각계각층의 사람들을 만났다. 그 사람들과 그들의 이야기 덕분에 나는 신문사에서 즐겁게 일할 수 있었다. 나는 정확한 정보를 얻기 위해 귀담아듣는 법을 배워야 했다. 그리고 좋은 질문을 적절하게 할 수 있어야 했다. 다음은 더 나은 경청자가 될 수 있도록 돕는 방법 몇 가지다.

1. 듣고 나서 대답하라: 상대방이 하는 말을 잘 들어야 한다. 욥의 세 친구처럼 상대방의 말을 선택적으로 들어서는 안 된다. 상대방의 말을 잘 들어야 초점이 명확한 생명의 말로 대답할 수 있다. 이렇게 하면 갈등에 휘말리거나 다른 성도가 조언을 구할 때 섣부른 결론을 내리는 실수를 피할 수 있다. 켄 산데가 말한 것처럼 '기다림'이 없으면 갈등의 근본 원인을 이해하지 못하고 부적절하게 반응하여 상황을 더 악화시키게 된다.[64] "사연을 듣기 전에 대답하는 자는 미련하여 욕을 당하느니라(잠 18:13)."는 말씀의 교훈을 배우는 것이 중요하다.

2. 무감각해지지 말라: 나는 기사를 쓰기 위해 인터뷰를 할 때나 목회 상담을 할 때 쉴 새 없이 말하는 사람을 만나면 갑자기 뿌연 안개가 감싸는 것 같은 느낌에 귀가 닫히곤 한다. 산데가 지적하듯 인간의 정신은 말하는 속도보다 약 4배 정도는 빠르게 생각할 수 있기 때문에 쉽게 지루함을 느끼고, 답변을 준비하는 등 다른 무언가를 생각하는 경향이 있다. 이렇게 되면 경청은 끝나 버린다.

3. 주기적으로 눈을 마주치라: 우선 방해 요소를 제거해야 한다. 휴대폰이나 텔레비전을 끄고 외부 소음이 있다면 문을 닫아야 한다. 몸을 앞으로 기울여 집중하고 있음을 보이고 부드러운 표정을 짓도록 노력하자. 지루해 하거나 화가 난 듯한 표정은 상대방의 마음을 위축시킬 수 있다. 고개를 끄덕이거나 언어적 신호를 사용해 상대방의 말을 집중해서 듣고 있다는 점을 알려 주어야 한다.

4. 듣기 싫은 말을 하더라도 짜증내지 말라: 짜증이 나더라도 표정으로 드러나지 않도록 노력해야 한다. 하나님이 인내하라고 명하시는 것은 하나님도 우리를 향해 인내하시기 때문이다.

5. 곁길로 새지 말라: 적당한 때에 적절한 질문을 함으로써 대화가 주제에서 벗어나지 않게 하자.

6. 중간점검을 하라: "내가 제대로 이해한 것이 맞나요?"와 같은 질문을 한 다음 상대방이 말한 내용을 다시 이야기해 보라. 이렇게 하면 오해의 소지가 있거나 부분적으로 이해한 것을 더욱 명료하게 할 수 있고 부족한 정보를 얻을 수 있다.

7. 죄악된 이야기에 휘둘리지 말라: 한 번은 상담 중에 내담자(그리스도인 아내와 화해하고자 하는 비그리스도인 남편)가 말끝마다 비속어를 쏟아 내는 것을 본 적이 있다. 나는 야구선수와 건축업자 주변에서 자랐기 때문에 그의 욕설 사용에 대해 놀라거나 불쾌하진 않았지만 자꾸 딴 생각을 하게 되어 평소처럼 상담에 집중할 수가 없었다. 데이비드 폴리슨이 지적한 것처럼 "경청하는 과정에서는 항상 죄악된 이야기를 듣게 될 것이다. 쓴소리, 험담, 자기 연민, 가짜 믿음, 합리화, 집착, 회피, 거짓말 등 어리석고 무익한 말을 하는 수천 가지의 말을 듣게 될 것이다."[65]

8. 먼저 상대방의 의견에 동의해 주어라: 이것은 켄 산데가 추천하는 귀중한 전술로, 나도 대화가 불쾌하게 흘러가거나 갈등으로 번질 우려가 있을 때 사용해 본 적이 있다. 예를 들어, "교회 음악 프로그램을 변경한 것에 대해 화내는 이유를 이해합니다." 또는 "맞아요. 제가 이 분야에는 경험이 적어요. 당신은 훨씬 더 많이 알고 있지요."[66]라고 말하는 것이다. 산데는 "동의한다는 것은 자기 신념을 포기하는 것이 아니다. 의견 차이가 있는 부분을 말하기 전에 자신이 알고 있는 사실을 인정한다는 의미다.

상대방의 의견에 동의한다는 것은 그가 더욱 열린 마음으로 말할 수 있도록 격려하는 것이며 이로 인해 불필요한 반복을 피할 수 있다. 특히 당신이 잘못을 저질렀을 때 동의하는 것은 더 중요하다. … 논쟁이 될 법한 상황을 의미 있는 대화로 만들 수 있다."[67]라고 말했다. 이렇게 동의함으로써 우리는 자신의 겸손을 보여 줄 수 있다. 다른 사람들이 당신을 비난하는 경우, 특히 모두가 듣기 어렵다고 느끼는 종류의 대화에서도 이러한 모습은 상대방이 흥분하지 않고 은혜로운 말투를 사용하여 대화할 수 있게 한다.

9. 교정, 판단, 코칭 말고 경청하라: 목회자든 평신도든 때때로 상처받은 사람들과 함께하며 그들의 이야기를 단순히 경청하고, 공감하고, 이해하는 것으로 충분할 때가 있다. 내가 처음 담임 목사로 부임하여 2년쯤 되었을 때, 우리 교회의 한 가정에 좋지 않은 일이 생겼다. 갓난 아기였던 손자를 집으로 데리고 온 첫 날 밤 아기가 사망한 것이다. 당연히 그 가정은 말로 표현할 수 없을 정도로 상심했다. 아내와 나는 다음 날 아침 내내 그들과 함께 있었다. 또 그날은 주일이어서 설교를 해야 했기에 내가 할 수 있는 일이라고는 그 집에 들어서며 기도하고, 떠나기 전에 기도하는 것뿐이었다. 그들과 함께 울고 그들의 아픔을 들어준 것 외에는 그들의 고통을 달래기 위해 무엇을 했는지 기억나지 않는다.

몇 주 후, 그 가정은 나를 찾아와 고통스러울 때 함께 있어 준 것만으로도 큰 위로가 되었다고 했다. 할머니는 눈물을 흘리며 "목사님은 지금까지 하나님의 주권과 타락한 세상의 삶이 얼마나 고통으로 가득 차 있는지 가르쳐 주셨어요. 그리고 우리를 위해 그리스도가 고난 받으신 것에 대해서도 이미 알려 주셨지요. 그래서 그것을 다시 반복할 필요가 없었고, 목사님은 아무 말씀도 하지 않으셨지요. 그저 목사님과 사모님은 우리와 함께 있었고, 우리와 함께 아파했기에 목사님이 그곳에 있고 또 기도해 주신 것만으로 위로받았습니다."라고 말했다.

내가 예비 목회자들을 가르칠 때 때때로 아픈 자들과 함께하며 아무 말도 하지 않는 것이 최선이라고 한 적이 있다. 예수님도 죽은 나사로를 살리셨을 때, 곧 나사로를 살릴 거니까 마리아에게 눈물을 닦으라고 말씀하시거나 몇 분 안에 모든 것을 해결하겠다고 말씀하지 않으셨다. 다만 마리아와 함께 눈물을 흘리셨을 뿐이다.

더 잘 들어주었어야 했나?

아버지는 독실한 그리스도인이셨고 현명한 분이셨다. 2차 세계대전에 참전하여 세 번의 전투에 투입되었고 전쟁의 공로를 인정받아 퍼플 하트 훈장(전투 중 부상을 입은 군인에게 주는 훈장)을 비롯하여 다른 여러 훈장을 받았다. 아버지는 겸손하셨고 말수가 적은 분이셨다. 교회 사람들과 동네 사람들은 아버지가 하는 말을 귀담아 듣는 편이었다. 아버지는 1991년, 내가 대학교 4학년 때 돌아가셨다. 오랜 시간이 지났지만 지금도 눈을 감으면 아버지가 하시던 말씀이 귀에 쟁쟁하다. "제프, 아무 말도 하지 않아서 후회하는 일은 거의 없어. 입을 닫고 있으면 말로 죄짓기는 어렵거든." 훌륭한 조언이었다. 이 말에는 잠언, 야고보서, 바울서신, 예수님의 말씀이 모두 들어 있다.

또 다른 친구는 같은 진리를 다르게 표현했다. "내가 인생의 마지막에 이르렀을 때 어느 쪽을 더 후회하게 될까? '더 많은 말을 할 것을'일까? 아니면 '더 적은 말을 할 것을'일까? 특히 아내나 자녀들, 가장 가까이 있었던 이들에게서 말이야."

물론 말을 해야 할 때도 있지만 들어야 할 때도 있다. 솔로몬도 전도서 3장에서 이렇게 말한다. 우리가 진리를 위해 일어서서 불의에 대항하여 말해야 할 때가 있다. 이때 말하지 않는 것은 겁쟁이다. 하지만 우리 인생에서 50세, 60세, 70세, 심지어 80-90세가 되어서도 이러한 순간은 비교적 드물다. 반면 많이 말하는 대신 더 귀를 기울였어야 했다고 후회하는 순간은 얼마나 많겠는가? 어쩌면 자녀들에게 많은 것을 말하고 가르치는 대신 그들의 말에 귀 기울였어야 했는지도 모른다. 야고보는 이 질문에 대해 이렇게 답한다. 말하기는 더디 하고 듣기는 속히 하라. 귀는 두 개며 입은 하나다.

송사에서는 먼저 온 사람의 말이 바른 것 같으나
그의 상대자가 와서 밝히느니라(잠 18:17).

우리 말은
변화될 수 있다

마태복음 12장 36-37절에 나오는 예수님의 말씀은 정신이 번쩍 들게 한다. "내가 너희에게 이르노니 사람이 무슨 무익한 말을 하든지 심판 날에 이에 대하여 심문을 받으리니 네 말로 의롭다 함을 받고 네 말로 정죄함을 받으리라." 매일 쏟아 내는 이만 개의 단어가 모두 죄를 저지를 기회가 된다고 생각해 보자. 그리고 그 말은 당신 마음속에 무엇이 있는지 보여 주고 있다면? 당신의 마음에는 사랑, 희락, 화평, 오래 참음, 자비, 양선, 충성, 온유, 절제로 가득 차 있는가? 당신의 입에서 나오는 말은 이 질문에 대해 잔인할 정도로 정직한 답이 된다.

우리가 이 진리를 마음에 새기고 살아간다면 우리 말은 어떤 모습으로 변하게 될까? 소셜 미디어에서 여전히 다른 사람을 비난하고 있을까? 직장 상사나 직장에서 주어진 업무가 마음에 들지 않는다고 동료에게 속닥거리며 불평하고 있을까? 정치 지도자에 대해 비방하는 말을 여전히 계속할 수 있을까?

가족 간의 대화는 어떠한가? 중학생 아들이 이제 축구를 그만두겠다고 하면 그를 인생 포기자라고 힐난할 것인가? 딸이 기말고사에서 80점을 맞았다고 하면 게으르다고 질책할 것인가? 부모님이 내가 좋아하는 음악을 인정하지 않는다고 해서 아무것도 모른다고 무시할 것인가? 배우자가 내 마음이 들지 않을 때는 어떻게 말해야 하는가? 우리가 은혜롭고 조심스럽게 말한다면 가족 간의 화목을 방해하는 말다툼을 피할 수 있지 않을까?

교회에서는 어떠한가? 한 마디, 한 마디의 말을 조심스럽게 건넨다면 분명 대부분의 성도들과도 잘 지낼 수 있을 것이다. 그렇게 했다면 바울이 유오디아와 순두게에게 "주 안에서 같은 마음을 품으라(빌 4:2)."고 권면하지 않았을 것이다. 분명 유오디아와 순두게 사이에는 다툼이 있었을 것이고, 죄악된 말을 주고받았을 것이다. 목사는 성도들에게 어떤 말을 해야 하고, 성도는 성도를 인도하기 위해 세운 목자들에게 어떤 말을 해야 할까?

우리 자신이 구주께서 의도하신 대로 예수님의 말씀을 진지하게 받아들인다면 삶의 모든 관계와 영역은 선한 영향을 받아 천국을 맛보게 될 것이다. 모함, 험담, 원망, 저주, 죄악된 정죄, 자랑, 불평, 욕설, 비열한 비아냥이 없는 세상을 상상해 보자. 그런 곳이 천국일 것이다.

이 책에서는 주로 우리가 어떻게 말을 잘못 사용하고 있는지를 살펴보았다. 그리고 하나님의 은혜가 어떻게 우리 말을 변화시켜서 우리의 대화가 즐겁고 아름다울 뿐 아니라 혀를 만드시고 말할 수 있는 목소리를 주신 분께 영광을 돌릴 수 있게 되었는지를 보았다. 구주께서는 심판 날에 우리가 한 말로 의롭다 함과 정죄함을 받을 것이라고 경고하셨다. 그리고 동시에 "나는 부활이요 생명이니 나를 믿는 자는 죽어도 살겠고(요 11:25)"라고도 말씀하셨다.

우리의 마음과 혀는 더 이상 죄와 사망의 노예

가 아니다. 변화된 혀가 하나님의 영광을 드러내기 위해 어떻게 쓰이는지 생각해 보라. 우리를 구원하시고 먹이시는 하나님께 감사드린다. 설교, 가르침, 전도를 통해 하나님의 이름을 선포한다. 교회에서, 가정에서, 직장에서 개인적으로, 공적으로 하나님을 경배한다. 우리의 마음과 심령을 주님의 말씀으로 채워서 우리의 입술에 찬양이 넘쳐나게 한다.

예수님을 따르는 자들이 쓴 영광스러운 찬송을 생각해 보라. 그들은 죄인을 향한 헤아릴 수 없는 그 사랑에 감격하여 그것을 아름다운 가사로 표현하여 찬양했다.

"땅에는 평화가 있고 자비는 온유하며 하나님과 죄인들은 화해하네."

"내 지은 죄 주홍빛 같더라도 주 예수께 다 아뢰면 그 십자가 피로써 다 씻으사 … 흰 눈보다 더 정하리라 내 영혼 평안해!"

"오랫동안 내 영혼 갇혀 있었네. 죄와 본성의 죽음 가운데 굳게 매여 있었네. 당신의 눈에서 생명의 빛 발할 때, 나는 깨어났고 음부는 빛으로 환하게 타올랐네. 나의 쇠사슬 벗겨지고 나의 마음 자유롭게 되었나니, 나는 일어나 앞으로 나가 당신을 따라나섰네."

"나 같은 죄인 살리신 주 은혜 놀라워. 잃었던 생명 찾았고 광명을 얻었네."

"못 박힌 손발 보오니 큰 자비 나타내셨네. 가시로 만든 면류관 우리를 위해 쓰셨네. 온 세상 만물 가져도 주 은혜 못 다 갚겠네. 놀라운 사랑받은 나 몸으로 제물 삼겠네."

"샘물과 같은 보혈은 주님의 피로다. 보혈에 죄를 씻으면 정하게 되겠네."

"내 삶에 정죄함도 죽음의 두려움도 없으니 이는 내 안에 있는 그리스도의 능력이로다."

"우리의 죄는 크지만 그분의 자비는 더 크도다."

"우리는 그분 안에서 살아났네. 죽음은 죽고 사랑이 승리했네. 그리스도가 물리치셨도다."

구원받은 우리는 여전히 내재하는 죄와 씨름해야 하며, 우리의 말은 결코 완벽하지 않지만 사탄이 아닌 성령께서 우리 입술을 붙드실 것이다.

이제 우리의 입술에서 흘러나오는 기도와 찬양을 생각해 보자.

"내 영혼아 여호와를 송축하라 내 속에 있는 것들아 다 그의 거룩한 이름을 송축하라."

"여호와여 영광을 우리에게 돌리지 마옵소서

우리에게 돌리지 마옵소서 오직 주는 인자하시고 진실하시므로 주의 이름에만 영광을 돌리소서."

"하늘에 계신 우리 아버지여, 이름이 거룩히 여김을 받으시오며."

"깊도다 하나님의 지혜와 지식의 풍성함이여 그의 판단은 헤아리지 못할 것이며 그의 길은 찾지 못할 것이로다."

"능히 너희를 보호하사 거침이 없게 하시고 너희로 그 영광 앞에 흠이 없이 기쁨으로 서게 하실 이 곧 우리 구주 홀로 하나이신 하나님께 우리 주 예수 그리스도로 말미암아 영광과 위엄과 권력과 권세가 영원 전부터 이제와 영원토록 있을지어다 아멘."

영원한 언약의 피로 사신 양들의 큰 목자이신 우리 주 예수 그리스도를 죽은 자 가운데서 다시 살리신 위대한 평강의 주 하나님이 우리를, 특히 우리의 혀를 온전하게 하시기를 소망한다. 우리가 그분의 뜻을 행하고, 말하고, 노래하고, 기뻐하고, 예배하고, 듣고, 쓰고, 소통하기를 그래서 우리의 말과 우리가 맺는 모든 관계가 하나님 눈에 항상 기쁨이 되기를 간절히 기도한다.

다투는 사람의
열두 가지 표지

케빈 드영(Kevin DeYoung)

다툼은 그냥 생기지 않는다. 사람이 다툼을 만든다.

물론 의견 차이가 있을 수 있고, 어떤 제안에 대해 찬성과 반대가 나오는 것은 당연하다. 다만 이런 경우는 성경에서 말하는 다툼과는 거리가 멀다. 적어도 잠언에서 말하는 다툼은 불필요한 언쟁이고, 명예로운 사람이라면 멀리해야 한다(잠 17:14, 20:3). 목회자들도 마찬가지다(딤전 3장). 사랑으로 책망하거나 원칙에 따라 판결하는 경우에는 이런 싸움이 일어나지 않는다. 동어반복 같지만 다툼이 일어나는 이유는 사람들이 다투기 때문이다.

그렇다면 다투는 사람에게는 어떤 특징이 있는가? 그들을 구별해 낼 수 있는 표지는 무엇인가? 여기 다투는 사람의 열두 가지 표지가 있다.

다음 각호에 해당한다면 당신도 다투는 사람일 수 있다.

1. 자신이 가진 모든 의견이 다 받아들여져야 한다고 생각한다. 두 번째나 세 번째로 중요한 의견은 없다. 모든 의견이 다 최우선 순위다. 매번 내 의견을 관철시키기 위해 사생결단의 자세로 달려든다.

2. 말하기는 속히 하고 듣기는 더디 한다. 질문은 거의 하지 않는다. 질문을 하더라도 상대를 비난하거나 자신의 주장에 필요한 근거를 확인하기 위해서 할 뿐이다. 배우려는 자세는 보이지 않는다. 자신의 것을 방어하고, 대화를 지배하고, 상대방의 의견을 꺾으려는 모습만 보인다.

3. 신실한 사역자라면 갈멜산에서 바알 선지자들과 대결한 엘리야처럼 해야 한다고 생각한다. 또 성전에서 돈 바꾸는 자들을 쫓아내는 예수님의 모습만 기억한다. 물론 이 두 가지는 성경에 나오는 실제 사례다. 그러나 성경에 나온다고 다 권장되는 행동은 아니다. 비아냥대거나 채찍을 휘두르는 것이 일반적인 대화 방법은 아니지 않은가.

4. 어감상의 미묘한 차이를 구분하지 못하고, 믿을 만한 진술도 신뢰하지 않는다. 모든 상황을 흑과 백으로만 나누고, 회색 지대는 인정하지 않는다.

5. 상대의 말을 있는 그대로 믿어 주는 일은 없다.

문제가 된 상황이 어떠했는지 그려 보려고 하지 않는다. 상대방은 상상할 수 있는 가장 나쁜 의도로 그렇게 했을 것이라고 가정한다. 상대방에게 조금이라도 불리한 면이 보이면 그 지점을 계속 파고 든다.

6. **모호한 의견 같은 것은 없다고 여긴다.** 사람들이 당신이 생각하는 것을 모두 알 수 있는가? 그런 일은 불가능하다. 그래서 사람들은 일기를 쓰고, 기도를 하고, 애완견을 키우는 것이다.

7. **공감하는 능력을 잃어버렸다.** 모든 사람은 죄인으로서 고통 속에 살아가고 있음을 전혀 기억하지 못한다. 그래서 다른 사람의 처지에서 생각하지 못한다.

8. **비난할 줄만 알뿐 격려할 줄은 모른다.** 다투는 사람은 항상 다른 사람을 북돋아 주기보다는 책망하려고 한다.

9. **자신이 만든 좁은 기준 안에 모든 것을 끼워 맞춘다.** 사고의 폭이 좁기 때문에, 자신이 이미 모

든 것을 알고 있다고 착각한다. 사회 정의를 바로 세우면 문제될 것이 없다. 규칙을 제대로 세우면 된다. 몇몇 정치가가 문제다. 페미니스트 혹은 가부장제가 문제다. 그것도 아니라면 우리 부모님이 내 인생을 망쳤다. 가진 것이 망치뿐이라면 나머지 세상은 못처럼 보일 뿐이다.

10. 끊임없이 거부될 때 만족과 정서적 안정을 얻는다. 피해자를 비난하고 싶지 않지만 헌법적으로 청산되어야 할 잔재들도 있다. 그들은 박해받아야 한다. 그들은 비방을 받아야 한다. 그들은 평시에 어떻게 살아야 하는지 모른다. 그들은 오로지 전시를 살고 있다.

11. 항상 참호 속에서 수류탄을 가슴에 품고 살아간다. 카페에서 아이스크림을 먹거나 탁구를 즐기는 일은 없다. 몇 년 전 교회에서 이라크 파병 군인과 이야기를 나눈 적이 있는데, 그가 수행했던 임무는 아이스크림 트럭을 호위하는 무장 호송대에서 운전하는 일이었다고 수줍게 말했던 기억이 난다. 폭탄이 가득한 지역에서 차량을 호위하며 통과하는 일은 매우 위험한 일이

다. 또한 용감하고 명예로운 일이다. 여기서 중요한 것은 군인에게도 가끔은 아이스크림이 필요했다는 것이다. 모든 상황에서 항상 긴장감을 최대치로 끌어올려 살아가야 하는 것은 아니다. 하나님 앞에서 진지한 것과 모든 것에 대해 병적으로 집착하는 것은 다르다. G. K. 체스터틴(G. K. Chesterton)이 한 말을 기억하자. "우리는 세상을 공격해야 할 괴물의 성으로 여기는 동시에 저녁이면 돌아갈 수 있는 오두막으로도 여길 수 있어야 한다."

12. 생각을 바꿔 본 일이 없다. 어떤 사람이 대통령이 여러 번 바뀔 동안에 한 번도 자신의 생각을 바꿔 본 적이 없다면, 이 사람은 과연 그리스도인이라 할 수 있을까? 아니 살아 있기는 한 것일까? 물론 진리는 결코 변하지 않는다. 또한 우리가 가진 신념들 중에도 변해서는 안 되는 것들이 있다. 그러나 다투는 사람은 자기 자신이 이미 모든 것을 알고 있다고 여기기에 듣지도 않고 배우려고도 하지 않고 질문도 하지 않는다. 그래서 분쟁을 일으킨다.

마음에 찔림이 있는가?

위의 글이 남의 일 같지 않은가? 그렇다면 우리
를 변화시킬 능력이 있고 이미 용서하시기로 작
정하신 그리스도를 바라보자. 평강의 왕이신 예
수 그리스도의 죽으심으로 우리는 하나님과 평
화를 누리고 서로 화평할 수 있게 되었다.

부록 2

스터디 가이드

1장 하나님의 말씀 그리고 인간의 말

1. 창세기 2장에 따르면 하나님은 자신의 형상대로 남자와 여자를 창조하셨다. 창조 기사는 그가 말씀하시는 하나님이라는 것을 보여 준다. 하나님이 말씀하시고 대화하신다는 사실이 우리와 무슨 관계가 있는가? 우리의 말은 하나님의 말씀과 어떤 점에서 비슷하고 또 어떤 점에서 다른가?

2. 보통 사람들은 하루에 몇 개의 단어를 사용하는가? 그 숫자가 놀랍지 않은가? 남들보다 말을 더 많이 하는 사람들에게 이 수치의 의미는 무엇인가?

3. 오늘 하루를 보내면서 주로 무엇에 대해 이야기했는가? 어떤 주제에 가장 많은 관심을 기울였는가? 하루 중 가장 많은 시간 이야기한 주제는 어떤 것인가?

4. 창세기 3장에 나타난 인간의 타락은 우리의 말에 어떤 영향을 미쳤는가? 타락이 우리가 주로 이야기하는 내용에 어떤 영향을 미쳤는가? 이제 우

리의 대화가 어떻게 바뀌기를 바라는가?

5. 성경에서 하나님은 어떤 방식으로 자신을 묘사하고 있는가? 이는 말씀의 부요함과 중요성에 대해 무엇을 말하는가?

6. 이 책의 세 가지 주요한 목적은 무엇인가? 배우자나 자녀들과 대화할 때 가장 문제가 되는 부분은 무엇인가? 다른 가족들, 직장, 교회에서는 어떠한가? 이 책을 통해 이런 영역들에서 대화할 때 어떤 부분에서 성장하기 원하는가?

더 깊은 연구를 위한 참고도서

❖ *War of Words: Getting to the Heart of Your Communication Struggles* (P&R, 2001) by Paul David Tripp.

❖ *The Power of Words and the Wonder of God* (Crossway, 2009) edited by John Piper and Justin Taylor.

험담,
그 일상의 언어

2장 우리 말에는 문제가 있다

1. 존 로커, 리처드 닉슨, 저스틴 사코의 사례를 통해 말의 파괴적인 힘에 대해 어떤 점을 깨닫게 되었는가? 만일 당신이 다른 사람에 대해 한 말이 공개된다면, 그로 인해 당신의 인생을 망쳤을 수도 있겠다는 생각이 들었던 적이 있는가?

2. 만일 하나님이 여러분이 지금까지 했던 모든 말, 심지어 혼자서 한 말까지도 공개하신다고 한다면 두려움을 넘어 공포스럽지 않겠는가? 이런 일이 실제로 발생한다면 당신과 가장 가까운 사람들과의 관계에 어떤 영향을 미치겠는가?

3. 폴 트립이 잠언을 근본적으로 말에 대한 논문이라고 주장하는 이유는 무엇인가? 우리가 살아가면서 한 번도 중립적인 말을 해본 적이 없다고 단언하는 그의 주장에 대해 어떻게 생각하는가?

4. 말이 생명을 낳기도 하고 사망을 낳기도 한다는 사실을 잠언에서는 많은 성경 구절을 통해 어떻게 보여 주는가?

5. 부록 3에 실린 잠언 구절 중에서 다섯 절을 골라 보라. 각 구절을 통해 다른 사람들과 대화하는 방식을 어떻게 바꿀 수 있는지 이야기해 보자.

6. 잠언 18장 21절(죽고 사는 것이 혀의 힘에 달렸나니 혀를 쓰기 좋아하는 자는 혀의 열매를 먹으리라)은 다른 사람과 소통하는 방식에 어떤 영향을 미치는가?

7. 야고보서 3장은 작은 것들이 우리 삶에 큰 영향을 미칠 수 있다는 것을 보여 준다. 당신의 삶에서 짧은 대화 때문에 큰 문제를 일으켰던 때를 생각해 보자. 그리고 반대로 당신의 삶에 큰 기쁨과 필요한 변화를 가져다 주었던 대화도 생각해 보자.

8. 야고보서 3장에서는 혀가 어떤 면에서 불이나 배의 키와 비슷하다고 설명되었는가? 또 혀가 야생동물들과는 어떻게 비교되었는가? 우리 삶에서 말로 짓는 모든 죄를 없앨 수 있다면 어떤 변화가 일어나겠는가?

9. 마태복음 12장에서 예수님이 하신 말씀을 볼 때, 우리의 말은 어떻게 마음에 담긴 것을 드러내

는 엑스레이 역할을 하는가? 예수님이 말씀하신 '마음'은 무엇을 의미하는가?

10. 마지막 날에 우리의 말로 의롭다 함을 받거나 정죄함을 받으리라는 말씀은 공정한가? 이 말씀은 로마서와 다른 서신서에서 우리가 믿음으로 의롭다 함을 받는다고 말하는 바울의 가르침과 어떻게 일치되는가?

11. 마태복음 12장 36-37절에서 예수님이 하신 말씀은 어떤 의미인지 이야기해 보자. 그리고 지난 한 주 동안 사용했던 말 중에 몇 가지 예를 들어, 그 말이 당신을 의롭게 하는지, 정죄하는지 이야기해 보자. 당신은 다른 사람과 대화하는 방식에서 어떤 변화가 일어나기를 원하는가?

더 깊은 연구를 위한 참고도서

❖ *Relationships: A Mess Worth Making* (New Growth Press, 2006) by Timothy S. Lane and Paul David Tripp. 《관계가 주는 기쁨》(미션월드라이브러리, 2009).

❖ "Thoughts on the Government of the Tongue" in *The Works of John Newton*, vol. 4 (Banner of Truth, 2015).

3장 말이 어떻게 무기가 될까?

1. 모함과 험담을 '비극을 가져오는 사촌'이라고 표현하는 것이 적절한 이유는 무엇인가? 이 둘은 어떻게 연결되며 어떻게 다른가? 지역 교회에서 모함과 험담이 특히 문제가 되는 이유는 무엇인가?

2. 험담과 모함은 이야기를 좋아하는 인간의 본능적 기질과 어떤 관계가 있는가?

3. 당신은 비난을 자주하는 편인가? 당신이 하는 비난으로 인해 상대방에게 변화가 조금이라도 일어나는가? 당신이 비난하는 방식은 당신이 다른 사람에 대해 말하는 방식에 어떤 영향을 미치는가? 마태복음 7장 12절에 나오는 예수님의 황금률이 여기에서 중요한 이유는 무엇인가? 예수님이 대접받고자 하는 대로 남을 대접하라고 하시며 이것이 "율법이요 선지자니라."고 하신 말씀의 의미는 무엇인가?

4. 이웃을 내 몸과 같이 사랑하라고 하신 예수님의 명령에 비추어 볼 때 비아냥거리는 것에는 어떤

문제가 있는가? 다른 사람을 깎아 내리고 나를 높이기 위해 비꼬는 말을 사용한 적이 있는가? 그렇다면 어떤 상황에서 그렇게 했는지 이야기해 보자.

5. 성경에서 자랑이 적절하다고 한 것은 어떤 경우를 말하는가? 자랑이 왜 교묘한 죄가 되는가?

6. 그리스도인으로서 거짓말이 허용되는 경우가 있는가? 라합이 한 거짓말은 어떤가? 라합은 어떠한가? 라합이 거짓말을 해서 죄를 지었다고 할 수 있는가? 나치로부터 유대인을 숨겨 준 코리 텐 붐은 어떤가? 기독교 신앙에서 진실이 중요한 이유는 무엇인가?

7. '작은 거짓말'이란 무엇인가? '작은 거짓말'은 해도 괜찮은가? 진실을 말하는 것은 어떻게 우리로 하여금 하나님을 닮아 가게 하는가?

8. 당신의 화는 화산처럼 폭발하는가? 아니면 천천히 끓어오르는 물과 같은가? 두 가지 경우 다 문제가 되는 이유는 무엇인가?

9. 화가 났을 때 말하는 것이 특히 위험한 이유는 무엇인가? 화가 났을 때 당신의 말을 절제하려면 어떻게 해야 하는가?

10. 불평이 심각한 죄라는 사실을 이스라엘의 역사에서 어떻게 확인할 수 있는가? 신약성경에서는 이 문제에 대해 어떻게 말하고 있는가? 불평은 하나님의 주권과 어떤 관련이 있는가?

11. 불평이 실제로는 불만족의 표현이라는 말에 동의하는가? 그것은 어떻게 영적 간음의 한 형태가 되고, 토마스 보스턴은 이것을 어떻게 해석하는가?

12. 왜 다른 사람의 동기를 판단해서는 안 되는가? 마태복음 7장 1-5절을 읽고 예수님이 우리를 위해 들려주시는 비유를 설명하고 토론해 보자.

13. 성경은 그리스도인들이 욕설을 사용해도 된다고 허락하는가? 욕설은 하나님과 어떤 관련이 있는가? 욕설은 우리 마음의 상태를 어떻게 반영하는가?

14. '있는 그대로 말하는' 사람을 존경할 수 없는 이유는 무엇인가? 당신은 '있는 그대로 말하는' 사람인가? 언제 그런 말이 죄가 되는가?

더 깊은 연구를 위한 참고도서

❖ *The Weight of Your Words: Measuring the Impact of What You Say* (Moody, 1998) by Joseph M. Stowell.

❖ *Uprooting Anger: Biblical Help for a Common Problem* (P&R, 2005) by Robert D. Jones.

❖ *A Small Book about a Big Problem: Meditations on Anger, Patience, and Peace* (New Growth Press, 2018) by Edward T. Welch. 《분노, 인내 그리고 평안에 관한 50일 묵상》(그리심, 2019).

❖ *The Secret of Contentment* (P&R, 2010) by William B. Barcley. 《만족의 비결》(개혁주의신학사, 2012).

❖ *The Rare Jewel of Christian Contentment* (Banner of Truth, 1964) by Jeremiah Burroughs. 《만족, 그리스도인의 귀한 보물》(생명의말씀사, 2010).

4장 말로 사람을 살릴 수 있다

1. 어떻게 복음에 합당한 방식으로 다른 사람들에게 생명을 줄 수 있는가?

2. 새롭게 된 마음에 성령이 내주하시면 우리의 말하는 방식은 어떻게 달라지는가? 우리는 예전의 분노와 죄악된 말의 노예에서 어떻게 해방되었는가? 고린도전서 5장 17절을 찾아보자. 이 구절을 우리 대화에 어떻게 적용할 수 있을까?

3. 에베소서 4장 29절이 우리의 변화된 말하기에서 중요한 구절인 이유는 무엇인가? 에베소서 1-3장과 에베소서 4장 29절은 서로 어떻게 연결되는가? 특별히 우리 말의 변화가 우리의 힘이 아니라 복음에 의해 이루어진다는 사실을 함께 이야기해보자.

4. 우리는 얼마나 많은 방식으로 다른 사람을 세우는 데 우리의 말을 사용할 수 있는가? 우리가 말을 이렇게 사용할 때 복음은 어떤 모습으로 드러나는가?

5. 당신은 다른 사람들과 어떤 방식으로 대화하는지 생각해 보자(교회 소그룹 내의 대화부터 일대일 대화까지). 상대방을 지배하려는 경향이 있는가? 상대방보다 훨씬 더 많이 이야기하려고 하는가? 아니면 상대방의 삶이나 그들이 가지고 있는 생각에 대해 질문하는가? 아니면 당신 자신, 당신의 삶, 당신의 생각과 꿈에 대해 이야기하는가? 이렇게 하는 것이 복음에 어울리지 않는 이유는 무엇인가?

6. 나 중심의 대화를 줄이고 다른 사람에게 더 집중하기 위해서 어떻게 하는 것이 좋은가?

7. 고린도후서 1장 3-4절에서 바울은 우리의 말로 다른 이들을 위로하기를 원한다. 가장 최근에 다른 그리스도인 지체에게 위로받았던 적이 있는가? 당신이 다른 이에게 도움과 위로를 줄 수 있다고 느끼는 문제에는 어떤 것이 있는가?

8. 욥의 친구들은 어떻게 재난을 주는 위로자가 되었는가? 그들은 어떻게 건전한 교리를 잘못 적용하고 오용하였는가? 특히 이것은 교리를 곧이곧대로 적용하는 것에 대해 어떤 교훈을 주는가?

9. 어떻게 하면 상대방에게 아부하거나 그들의 인정 욕구를 불러일으키지 않으면서 그들을 칭찬할 수 있는가? 다른 성도들이 당신을 칭찬할 때 어떻게 받아들이는가? 칭찬은 언제 아부나 인간 중심적인 감언이설로 변질되는가?

10. 다른 지체의 죄에 대해 책망하는 것이 사랑에 속하는 까닭은 무엇인가? 어떻게 할 때 우리가 하는 책망의 말이 은혜의 선포로 변화되는가?

11. 마태복음 18장과 고린도전서 5장에서 제시하는 교회의 권징은 보복적이고 비열한 것인가? 아니면 하나님의 자비와 사랑의 표현인가? 교회의 권징이 잘못 수행되거나 또는 잘 수행되는 것을 본 적이 있는가? 어떻게 하면 우리가 은혜와 진리로 충만하신 예수님처럼 상대방을 책망할 수 있는가?

12. 사랑은 어떻게 진리 안에서 기뻐하는가? 그 이유는 무엇인가? 교회 안에서 당신에게 잘못한 지체를 책망할 때 어떻게 사랑과 진리를 보여 줄 수 있는가? 진지하면서도 사랑을 담아 대화하려면

어떻게 해야 하는가?

더 깊은 연구를 위한 참고도서

❖ *Practicing Affirmation: God-Centered Praise of Those Who Are Not God* (Crossway, 2011) by Sam Crabtree.

❖ *When People Are Big and God Is Small: Overcoming Peer Pressure, Codependency, and the Fear of Man* (P&R, 1997) by Edward T. Welch. 《사람이 커 보일 때 하나님이 작아 보일 때》(개혁주의신학사, 2019).

5장 말하는 방식도 살펴야

1. 정상적이지 않은 대화일 때 말투가 더 도드라지게 느껴지는 이유는 무엇인가? 어떤 유형의 말투가 우리를 집중하게 하는가?

2. 어떤 사람들은 성경에는 말투에 대한 말씀이 나오지 않는다고 말한다. 그러나 하나님이 말의 무게를 달아볼 뿐만 아니라 말투에도 주의를 기울이기 원하신다는 것을 성경은 어떻게 설명하고 있는가?

3. 이 책에서 말투와 겸손을 연결시키는 이유는 무엇이라고 생각하는가? 성경에서 하나님의 백성이 겸손을 기르는 데 그토록 관심을 기울이는 이유는 무엇인가?

4. 신학, 정치, 사회 문제, 가정사에 관해 다른 사람과 어려운 대화를 나눌 때 겸손은 어떻게 도움이 되는가? 경우에 어긋나지 않는 대화를 유지하기 위해 어떤 말을 첨가할 수 있겠는가?

5. 교회나 소그룹에서 다른 성도들과 어려운 대화

를 연습해 보기를 바란다. 어려운 주제를 정하고 이 장에 제시한 원칙에 따라 한 단계씩 진행해 보자. 부모로서, 자녀로서, 교회나 직장에서 겪을 만한 문제로 정하면 도움이 될 것이다. 예를 들어 보수적인 성향을 가진 부모가 낙태와 동성 결혼에 찬성한다고 말하는 딸과 대화를 나눈다고 가정해 보자. 또는 교회에서 교리 교육을 받고 자란 자녀가 자신이 동성애자라고 밝힌다면 부모로서 뭐라고 말할 것인가? 은혜와 진리가 풍성하신 예수님을 따르는 자로서 어떻게 사랑 안에서 진리를 말할 수 있겠는가?(요 1:14)

6. 어려운 대화를 이끌어 가는 것은 지뢰밭을 살아서 지나가는 것과 어떤 점에서 비슷한가?

7. 지뢰밭 대화에 들어가기 전에 먼저 영적으로는 어떤 준비를 해야 하는가? 로저 니콜이 말한 세 가지 질문은 무엇인가?

8. 어려운 대화에 임할 때 얼마만큼의 이해심이 필요하다고 생각하는가? 정말로 상대방의 진의를 완벽하게 파악할 수 있다고 여기는가? 마태복음 7

장 1-5절은 이에 대해 어떻게 말하며 이 구절이 우리 모두에게 중요한 말씀인 이유는 무엇인가?

9. 어려운 대화를 시작할 때 감정을 어떻게 다루어야 하는가? 감정이 위험한 이유는 무엇인가?

10. 몸짓 언어는 어떻게 명료하고 정확한 의사소통을 방해하는가?

11. 사도행전 26장 3절에서 바울과 아그립바가 만나는 장면은 우리 대화에 어떤 도움을 주는가?

12. 명료하게 알기 위해서는 어떤 질문을 할 수 있는가? 그것이 서로 간에 좋은 관계를 유지시키며 흥분을 가라앉혀야 할 대화에 절대적으로 필요한 이유는 무엇인가?

13. 마태복음 18장 21-35절에 나오는 용서하지 않는 종의 비유를 읽어 보고 예수님이 주시는 교훈이 무엇인지 함께 이야기해 보자. 그리고 이것은 다른 사람과의 상호작용에 어떤 관련이 있는가? 또한 겸손을 비롯한 모든 상황에서 그리스도인으

로서 보여야 하는 전반적인 태도와 어떤 관련이
있는가?

14. 적이 아닌 친구의 자세로 다른 성도와 대화한다
면 대화 분위기를 어떻게 바꿀 수 있는가? 자녀나
친한 친구와 대화할 때도 동일한 효과가 있는가?

더 깊은 연구를 위한 참고도서

❖ *The Peacemaker: A Biblical Guide to Resolving Personal Conflict* (Baker,
2004) by Ken Sande 《화평하게 하는 자》(피스메이커, 2019).

❖ *Graciousness: Tempering Truth with Love* (Reformation Heritage, 2018)
by John Crotts.

❖ *I Beg to Differ: Navigating Difficult Conversations with Truth and Love*
(IVP, 2014) by Tim Muehlhoff.

❖ *Speaking the Truth in Love: The Life & Legacy of Roger Nicole* (Solid
Ground Christian Books, 2006) by David Bailey. 나는 특별히 널리 알려
진 니콜의 글 "우리와 견해 차이를 보이는 이들을 대하는 법(How to Deal
with Those Who Differ from Us.)"을 추천한다. 이 글은 부록 1에 수록되
어 있고 온라인에서 쉽게 구할 수 있다.

❖ *Gospel-Powered Humility* (P&R, 2011) by William P. Farley.

6장 글은 더 빨리, 더 멀리 간다

1. 하루 중 소셜 미디어에 할애하는 시간은 어느 정도인가? 시간을 효율적으로 사용할 수 있는 방법을 생각해 보자. 미디어 사용 시간이 과도하다면 이를 줄이기 위해 어떤 계획을 세울 수 있는가?

2. 페이스북, 인스타그램 및 다른 온라인 플랫폼에서 사용하는 언어에 대해 어떻게 생각하는가? 이전 장에서 살펴본 원리들을 온라인에서 사용하는 말에 어떻게 적용할 수 있는가?

3. 소셜 미디어를 전도를 위해 사용할 수 있는 방법에는 어떤 것이 있는가? 그리스도를 따르는 사람으로서 인터넷에서 어떤 도움을 얻었는지 함께 이야기해 보자.

더 깊은 연구를 위한 참고도서

❖ *12 Ways Your Phone Is Changing You* (Crossway, 2017) by Tony Reinke. 《스마트폰, 일상이 예배가 되다》(CH북스, 2020).

❖ *The Tech-Wise Family: Everyday Steps for Putting Technology in Its Proper Place* (Baker, 2017) by Andy Crouch.

험담,
그 일상의 언어

7장 말이 많은 사람을 위한 조언

1. 경청하는 것처럼 보이도록 위장하는 잘못된 경청의 형태에는 어떤 것들이 있는가? 이 중에 당신은 어떤 유형에 속하는가?

2. 성경은 지혜와 듣는 것을 어떻게 연결시키는가?

3. 욥의 세 친구들은 진심으로 욥의 고난을 들어주었는가? 그렇게 생각하는 이유는 무엇인가?

4. 저자가 이야기하는 경청을 잘할 수 있는 아홉 가지 방법에 대해 함께 이야기해 보자. 당신과 가장 가까이에 있는 사람들에게 이 방법을 어떻게 적용할 수 있는가? 또 교회에서는 어떻게 실천할 수 있는가?

5. 인생의 마지막에 이르렀을 때 배우자나 자녀들, 친구들 등 가까이 있는 사람들에게 더 많이 말하지 않은 것과 더 많이 귀 기울여 듣지 않은 것 중에 무엇을 후회할 것 같은가?

더 깊은 연구를 위한 참고도서

❖ *Speaking the Truth in Love: Counsel in Community* (New Growth Press, 2005) by David Powlison. 《치유와 회복의 동반자: 건강한 교회》(디모데, 2007).

❖ *Instruments in the Redeemer's Hands: People in Need of Change Helping People in Need of Change* (P&R, 2002) by Paul David Tripp.

험담,
그 일상의 언어

말에 관한 암송 구절

출애굽기 20장 7절
너는 네 하나님 여호와의 이름을 망령되게 부르지 말라 여호와는 그의 이름을 망령되게 부르는 자를 죄 없다 하지 아니하리라.

시편 15편 1-3절
여호와여 주의 장막에 머무를 자 누구오며 주의 성산에 사는 자누구오니이까 정직하게 행하며 공의를 실천하며 그의 마음에 진실을 말하며 그의 혀로 남을 허물하지 아니하고 그의 이웃에게 악을 행하지 아니하며 그의 이웃을 비방하지 아니하며.

시편 141편 3절
여호와여 내 입에 파수꾼을 세우시고 내 입술의 문을 지키소서.

잠언 10장 11절
의인의 입은 생명의 샘이라도 악인의 입은 독을 머금었느니라.

잠언 10:14절
지혜로운 자는 지식을 간직하거니와 미련한 자의 입은 멸망에 가까우니라.

잠언 10장 18절
미움을 감추는 자는 거짓된 입술을 가진 자요 중상하는 자는 미련한 자이니라.

잠언 10장 19절
말이 많으면 허물을 면하기 어려우나 그 입술을 제어하는 자는 지혜가 있느니라.

잠언 10장 20-21절
의인의 혀는 순은과 같거니와 악인의 마음은 가치가 적으니라
의인의 입술은 여러 사람을 교육하나 미련한 자는 지식이 없어
죽느니라.

잠언 10장 31-32절
의인의 입은 지혜를 내어도 패역한 혀는 베임을 당할 것이니라
의인의 입술은 기쁘게 할 것을 알거늘 악인의 입은 패역을 말하
느니라.

잠언 11장 12절
지혜 없는 자는 그의 이웃을 멸시하나 명철한 자는 잠잠하느니
라.

잠언 11장 13절
두루 다니며 한담하는 자는 남의 비밀을 누설하나 마음이 신실
한 자는 그런 것을 숨기느니라.

잠언 12장 18절
칼로 찌름 같이 함부로 말하는 자가 있거니와 지혜로운 자의 혀
는 양약과 같으니라.

잠언 13장 3절
입을 지키는 자는 자기의 생명을 보전하나 입술을 크게 벌리는
자에게는 멸망이 오느니라.

잠언 15장 1-2절
유순한 대답은 분노를 쉬게 하여도 과격한 말은 노를 격동하느
니라 지혜 있는 혀는 지식을 선히 베풀고 미련한 자의 입은 미
련한 것을 쏟느니라.

잠언 15장 4절
온순한 혀는 곧 생명 나무이지만 패역한 혀는 마음을 상하게 하느니라.

잠언 15장 18절
분을 쉽게 내는 자는 다툼을 일으켜도 노하기를 더디 하는 자는 시비를 그치게 하느니라.

잠언 15장 23절
사람은 그 입의 대답으로 말미암아 기쁨을 얻나니 때에 맞는 말이 얼마나 아름다운고.

잠언 15장 28절
의인의 마음은 대답할 말을 깊이 생각하여도 악인의 입은 악을 쏟느니라.

잠언 16장 13절
의로운 입술은 왕들이 기뻐하는 것이요 정직하게 말하는 자는 그들의 사랑을 입느니라.

잠언 16장 18절
교만은 패망의 선봉이요 거만한 마음은 넘어짐의 앞잡이니라.

잠언 16장 23절
지혜로운 자의 마음은 그의 입을 슬기롭게 하고 또 그의 입술에 지식을 더하느니라.

잠언 16장 24절
선한 말은 꿀송이 같아서 마음에 달고 뼈에 양약이 되느니라.

잠언 16장 27-28절
불량한 자는 악을 꾀하나니 그 입술에는 맹렬한 불 같은 것이 있느니라. 패역한 자는 다툼을 일으키고 말쟁이는 친한 벗을 이간하느니라.

잠언 16장 32절
노하기를 더디하는 자는 용사보다 낫고 자기의 마음을 다스리는 자는 성을 빼앗는 자보다 나으니라.

잠언 17장 10절
한 마디 말로 총명한 자에게 충고하는 것이 매 백 대로 미련한 자를 때리는 것보다 더욱 깊이 박히느니라.

잠언 17장 27-28절
말을 아끼는 자는 지식이 있고 성품이 냉철한 자는 명철하니라 미련한 자라도 잠잠하면 지혜로운 자로 여겨지고 그의 입술을 닫으면 슬기로운 자로 여겨지느니라.

잠언 18장 2절
미련한 자는 명철을 기뻐하지 아니하고 자기의 의사를 드러내기만 기뻐하느니라.

잠언 18장 4절
명철한 사람의 입의 말은 깊은 물과 같고 지혜의 샘은 솟구쳐 흐르는 내와 같으니라.

잠언 18장 6-8절
미련한 자의 입술은 다툼을 일으키고 그의 입은 매를 자청하느니라 미련한 자의 입은 그의 멸망이 되고 그의 입술은 그의 영혼의 그물이 되느니라 남의 말하기를 좋아하는 자의 말은 별식과 같아서 뱃속 깊은 데로 내려가느니라.

잠언 18장 13절
사연을 듣기 전에 대답하는 자는 미련하여 욕을 당하느니라.

잠언 18장 17절
송사에서는 먼저 온 사람의 말이 바른 것 같으나 그의 상대자가
와서 밝히느니라.

잠언 18장 20-21절
사람은 입에서 나오는 열매로 말미암아 배부르게 되나니 곧 그
의 입술에서 나는 것으로 말미암아 만족하게 되느니라 죽고 사
는 것이 혀의 힘에 달렸나니 혀를 쓰기 좋아하는 자는 혀의 열
매를 먹으리라.

잠언 20장 3절
다툼을 멀리 하는 것이 사람에게 영광이거늘 미련한 자마다 다
툼을 일으키느니라.

잠언 21장 23절
입과 혀를 지키는 자는 자기의 영혼을 환난에서 보전하느니라.

잠언 22장 11절
마음의 정결을 사모하는 자의 입술에는 덕이 있으므로 임금이
그의 친구가 되느니라.

잠언 25장 11절
경우에 합당한 말은 아로새긴 은 쟁반에 금 사과니라.

잠언 25장 15절
오래 참으면 관원도 설득할 수 있나니 부드러운 혀는 뼈를 꺾느니라.

잠언 25장 28절
자기의 마음을 제어하지 아니하는 자는 성읍이 무너지고 성벽이 없는 것과 같으니라.

잠언 26장 4-5절
미련한 자의 어리석은 것을 따라 대답하지 말라 두렵건대 너도 그와 같을까 하노라 미련한 자에게는 그의 어리석음을 따라 대답하라 두렵건대 그가 스스로 지혜롭게 여길까 하노라.

잠언 26장 18-19절
횃불을 던지며 화살을 쏘아서 사람을 죽이는 미친 사람이 있나니 자기의 이웃을 속이고 말하기를 내가 희롱하였노라 하는 자도 그러하니라.

잠언 26장 20-22절
나무가 다하면 불이 꺼지고 말쟁이가 없어지면 다툼이 쉬느니라 숯불 위에 숯을 더하는 것과 타는 불에 나무를 더하는 것 같이 다툼을 좋아하는 자는 시비를 일으키느니라 남의 말 하기를 좋아하는 자의 말은 별식과 같아서 뱃속 깊은 데로 내려가느니라.

잠언 26장 23절
온유한 입술에 악한 마음은 낮은 은을 입힌 토기니라.

잠언 26장 28절
거짓말하는 자는 자기가 해한 자를 미워하고 아첨하는 입은 패망을 일으키느니라.

잠언 27장 2절
타인이 너를 칭찬하게 하고 네 입으로는 하지 말며 외인이 너를 칭찬하게 하고 네 입술로는 하지 말지니라.

잠언 27장 5-6절
면책은 숨은 사랑보다 나으니라 친구의 아픈 책망은 충직으로 말미암는 것이나 원수의 잦은 입맞춤은 거짓에서 난 것이니라.

잠언 29장 11절
어리석은 자는 자기의 노를 다 드러내어도 지혜로운 자는 그것을 억제하느니라.

잠언 29장 20절
네가 말이 조급한 사람을 보느냐 그보다 미련한 자에게 오히려 희망이 있느니라.

전도서 5장 2절
너는 하나님 앞에서 함부로 입을 열지 말며 급한 마음으로 말을 내지 말라 하나님은 하늘에 계시고 너는 땅에 있음이니라 그런즉 마땅히 말을 적게 할 것이라.

전도서 10장 12-14절
지혜자의 입의 말들은 은혜로우나 우매자의 입술들은 자기를 삼키나니 그의 입의 말들의 시작은 우매요 그의 입의 결말들은 심히 미친 것이니라 우매한 자는 말을 많이 하거니와 사람은 장래 일을 알지 못하나니 나중에 일어날 일을 누가 그에게 알리요.

마태복음 7장 1-5절
비판을 받지 아니하려거든 비판하지 말라 너희가 비판하는 그 비판으로 너희가 비판을 받을 것이요 너희가 헤아리는 그 헤아림으로 너희가 헤아림을 받을 것이니라 어찌하여 형제의 눈 속에 있는 티는 보고 네 눈 속에 있는 들보는 깨닫지 못하느냐 보라 네 눈 속에 들보가 있는데 어찌하여 형제에게 말하기를 나로 네 눈 속에 있는 티를 빼게 하라 하겠느냐 외식하는 자여 먼저 네 눈 속에서 들보를 빼어라 그 후에야 밝히 보고 형제의 눈 속에서 티를 빼리라.

마태복음 12장 33-37절
나무도 좋고 열매도 좋다 하든지 나무도 좋지 않고 열매도 좋지 않다 하든지 하라 그 열매로 나무를 아느니라 독사의 자식들아 너희는 악하니 어떻게 선한 말을 할 수 있느냐 이는 마음에 가득한 것을 입으로 말함이라 선한 사람은 그 쌓은 선에서 선한 것을 내고 악한 사람은 그 쌓은 악에서 악한 것을 내느니라 내가 너희에게 이르노니 사람이 무슨 무익한 말을 하든지 심판 날에 이에 대하여 심문을 받으리니 네 말로 의롭다 함을 받고 네 말로 정죄함을 받으리라.

에베소서 4장 29-30절
무릇 더러운 말은 너희 입 밖에도 내지 말고 오직 덕을 세우는 데 소용되는 대로 선한 말을 하여 듣는 자들에게 은혜를 끼치게 하라 하나님의 성령을 근심하게 하지 말라 그 안에서 너희가 구원의 날까지 인치심을 받았느니라.

에베소서 4장 31절
너희는 모든 악독과 노함과 분냄과 떠드는 것과 비방하는 것을 모든 악의와 함께 버리고.

골로새서 4장 6절
너희 말을 항상 은혜 가운데서 소금으로 맛을 냄과 같이 하라 그리하면 각 사람에게 마땅히 대답할 것을 알리라.

디모데후서 2장 24-25절
주의 종은 마땅히 다투지 아니하고 모든 사람에 대하여 온유하며 가르치기를 잘하며 참으며 거역하는 자를 온유함으로 훈계할지니 혹 하나님이 그들에게 회개함을 주사 진리를 알게 하실까 하며.

야고보서 1장 19-21절
내 사랑하는 형제들아 너희가 알지니 사람마다 듣기는 속히 하고 말하기는 더디 하며 성내기도 더디 하라 사람이 성내는 것이 하나님의 의를 이루지 못함이라 그러므로 모든 더러운 것과 넘치는 악을 내버리고 너희 영혼을 능히 구원할 바 마음에 심어진 말씀을 온유함으로 받으라.

야고보서 1장 26절
누구든지 스스로 경건하다 생각하며 자기 혀를 재갈 물리지 아니하고 자기 마음을 속이면 이 사람의 경건은 헛것이라.

야고보서 3장 1-12절
내 형제들아 너희는 선생된 우리가 더 큰 심판을 받을 줄 알고 선생이 많이 되지 말라 우리가 다 실수가 많으니 만일 말에 실수가 없는 자라면 곧 온전한 사람이라 능히 온 몸도 굴레 씌우리라 우리가 말들의 입에 재갈 물리는 것은 우리에게 순종하게 하려고 그 온 몸을 제어하는 것이라 또 배를 보라 그렇게 크고 광풍에 밀려가는 것들을 지극히 작은 키로써 사공의 뜻대로 운행하나니 이와 같이 혀도 작은 지체로되 큰 것을 자랑하도다 보라 얼마나 작은 불이 얼마나 많은 나무를 태우는가 혀는 곧 불이요 불의의 세계라 혀는 우리 지체 중에서 온 몸을 더럽히고 삶의 수레바퀴를 불사르나니 그 사르는 것이 지옥 불에서 나느니라 여러 종류의 짐승과 새와 벌레와 바다의 생물은 다 사람이 길들일 수 있고 길들여 왔거니와 혀는 능히 길들일 사람이 없나니 쉬지 아니하는 악이요 죽이는 독이 가득한 것이라 이것으로 우리가 주 아버지를 찬송하고 또 이것으로 하나님의 형상대로 지음을 받은 사람을 저주하나니 한 입에서 찬송과 저주가 나오는도다 내 형제들아 이것이 마땅하지 아니하니라 샘이 한 구멍으로 어찌 단 물과 쓴 물을 내겠느냐 내 형제들아 어찌 무화과나무가 감람 열매를, 포도나무가 무화과를 맺겠느냐 이와 같이 짠 물이 단 물을 내지 못하느니라.

야고보서 4장 1-3절
너희 중에 싸움이 어디로부터 다툼이 어디로부터 나느냐 너희 지체 중에서 싸우는 정욕으로부터 나는 것이 아니냐 너희는 욕심을 내어도 얻지 못하여 살인하며 시기하여도 능히 취하지 못하므로 다투고 싸우는도다 너희가 얻지 못함은 구하지 아니하기 때문이요 구하여도 받지 못함은 정욕으로 쓰려고 잘못 구하기 때문이라.

야고보서 4장 11-12절
형제들아 서로 비방하지 말라 형제를 비방하는 자나 형제를 판단하는 자는 곧 율법을 비방하고 율법을 판단하는 것이라 네가 만일 율법을 판단하면 율법의 준행자가 아니요 재판관이로다 입법자와 재판관은 오직 한 분이시니 능히 구원하기도 하시며 멸하기도 하시느니라 너는 누구이기에 이웃을 판단하느냐.

베드로전서 3장 15절
너희 마음에 그리스도를 주로 삼아 거룩하게 하고 너희 속에 있는 소망에 관한 이유를 묻는 자에게는 대답할 것을 항상 준비하되 온유와 두려움으로 하고.

험담,
그 일상의 언어

미주

1장 하나님의 말씀 그리고 인간의 말

1   John Calvin, *Institutes of the Christian Religion*, vol. 1, trans. Ford Lewis
    Battles (Philadelphia: Westminster, 1960), 1.13.1.

2   John Frame, *The Doctrine of the Word of God: A Theology of Lordship*
    (Phillipsburg, NJ: P&R, 2010), 42. 《성령론》(개혁주의신학사, 2014).

3   Calvin, Institutes, 1.1.1.

4   *The Baptist Confession of Faith & Baptist Catechism* (Vestavia Hills, AL:
    Solid Ground Books, 2010), 1.

5   Paul David Tripp, *War of Words: Getting to the Heart of Your Communica-
    tion Struggles* (Phillipsburg, NJ: P&R, 2000), 13.

6   Ibid., 9.

7   Ibid., 13.

8   Melvin Tinker, *That Hideous Strength: How the West Was Lost* (Welwyn
    Garden City, UK: Evangelical Press, 2018), 42.

2장 우리 말에는 문제가 있다

9   John Newton, "Thoughts on the Government of the Tongue" in *The
    Works of John Newton*, vol. 4(Carlisle, PA: Banner of Truth, 2015), 588.

10 Jon Ronson, "How One Stupid Tweet Ruined Justine Sacco's Life," *The
    New York Times Magazine*, February 12, 2015, https://www.nytimes.
    com/2015/02/15/magazine/how-onestupid-tweet-ruined-justine-
    saccos-life.html; accessed September 5, 2019. 이 기사에는 소셜미디어
    에서 저지른 작은 실수들로 인해 인생을 망친 몇 가지 다른 사례도 소개
    하고 있다.

11 니케아 종교 회의에 대한 탁월한 논고를 보고 싶다면 Nick Needham,
    2000 Years of Christ's Power, Volume 1: The Age of the Church Fathers
    (Ross-Shire. Scotland: Christian Focus, 2016), 219-49.를 참고하기 바
    란다.

12 Paul Tripp, "War of Words: Getting to the Heart for God's Sake" in
    John Piper and Justin Taylor, eds. *The Power of Words and the Wonder of
    God* (Wheaton, IL: Crossway, 2009), 24.

13 Ibid.

14 Ibid.

15 Tim Muelhoff, *I Beg to Differ: Navigating Difficult Conversations with Truth*

and Love (Downers Grove, IL: IVP, 2014), 21.

16 Gary Brady, *Heavenly Wisdom: Proverbs Simply Explained* (Webster, NY: Evangelical Press, 2003), 271.

17 Timothy S. Lane and Paul David Tripp, *Relationships: A Mess Worth Making* (Greensboro, NC: New Growth Press, 2006), 73. 《관계가 주는 기쁨》(미션월드라이브러리, 2009).

18 Sinclair Ferguson, "The Bit, the Bridle, and the Blessing: An Exposition of James 3:1-12" in John Piper and Justin Taylor, *The Power of Words and the Wonder of God*, 46.

19 John Newton, "Thoughts on the Government of the Tongue" The Works of John Newton, vol. 4 (Edinburgh: Banner of Truth, 2015), 585-86.

3장 말이 어떻게 무기가 될까?

20 Alexander Whyte, *The Characters in Pilgrim's Progress* (Grand Rapids: Baker, 1976), 180.

21 Joseph M. Stowell, *The Weight of Your Words: Measuring the Impact of What You Say* (Chicago: Moody, 1998), 22.

22 Ibid.

23 Matthew C. Mitchell, Resisting Gossip: *Winning the War of the Wagging Tongue* (Fort Washington, PA: CLC Publications, 2013), 25. 《험담을 멈추라》(CLC, 2013).

24 Ibid., 24-27.

25 Stowell, *The Weight of Your Words*, 40.

26 Ibid.

27 Ibid., 41.

28 The Voice of the Martyrs, *Wurmbrand: Tortured for Christ-The Complete Story* (Colorado Springs: David C. Cook, 2018), 228. 《웜브란트: 그리스도를 위한 고난 그리고 웜브란트의 모든 이야기》(순교자의소리, 2019).

29 열왕기상 18장에서 엘리야는 바알 선지자들과의 대결에서 비아냥을 효과적으로 사용한다. 엘리야는 그들의 가짜 신에 대해서 "정오에 이르러는 엘리야가 그들을 조롱하여 이르되 큰 소리로 부르라 그는 신인즉 묵상하고 있는지 혹은 그가 잠깐 나갔는지 혹은 그가 길을 행하는지 혹은 그가 잠이 들어서 깨워야 할 것인지 하매(왕상 18:27)."라고 조롱했다. 가짜 신들 앞에서는 조롱하고 빈정거리는 것이 적절하다. 우상숭배는

악한 인간의 어리석음을 드러내며, 시편 2편을 비롯한 여러 시편에서는 하나님이 자신을 거부하는 사람들을 비웃으신다고 표현한다. 비슷한 맥락으로 종교개혁자 마르틴 루터도 복음에 대해서 거짓된 생각이 떠오를 때마다 사탄을 경멸하고 조롱한다고 말했다.

30 Stowell, *Weight of Your Words*, 52.

31 Ibid.

32 Ibid., 23.

33 Ibid., 24.

34 분노의 핵심을 잘 짚어 주어 목회와 경건 생활에 모두 도움이 될만한 책 두 권을 소개한다. Robert D. Jones, *Uprooting Anger: Biblical Help for a Common Problem* (Phillipsburg, NJ: P&R, 2005)과 Edward T. Welch, *A Small Book about a Big Problem: Meditations on Anger, Patience, and Peace* (Greensboro, NC: New Growth Press, 2018).

35 Edward T. Welch, *A Small Book about a Big Problem: Meditations on Anger, Patience, and Peace* (Greensboro, NC: New Growth Press, 2018), 88. 《분노, 인내, 그리고 평안에 관한 50일 묵상》(그리심, 2019).

36 William B. Barcley, *The Secret of Contentment* (Phillipsburg, NJ: P&R, 2010), 49. 《만족의 비밀》(개혁주의신학사, 2012).

37 Thomas Boston, "The Hellish Sin of Discontent" in *The Complete Works of Thomas Boston*, vol. 2 (London: Tentmaker Publications, ND), 505.

38 파가니니(Niccolo Paganini, 1782-1840)는 이탈리아 출신으로 바이올린과 기타의 거장이다. 파가니니는 근대 바이올린 기술의 아버지로 족적을 남겼고, 유능한 작곡가였다.

39 그리스도인이 욕설을 사용하는 문제에 대해 참고할 만한 연구 자료는 찾지 못했지만, 이에 대해 긍정적인 견해를 가진 신자들과 개인적인 대화를 나눈 적이 몇 차례 있었다. 그리스도인에게 욕할 수 있는 자유가 있다는 근거로 빌립보서 3장 8절에서 바울이 욕을 사용했다는 것이 가장 빈번하게 인용된다. 이 구절에서 바울은 그리스어로 예수 그리스도를 아는 지식과 비교해서 모든 것을 "배설물"로 여긴다고 표현한다. 바울은 자신이 가진 자격과 비교해서 예수님의 우월성이 얼마나 큰지 강조하기 위해 강렬한 용어를 사용한 것이다. 그러나 이를 근거로 우리가 욕설을 입에 담아도 된다고 논증하기는 어렵다고 본다.

40 Thomas Watson, *The Ten Commandments*(Carlisle, PA: Banner of Truth, 2000), 88. 《십계명 해설》(CLC, 2016), 88.

41 Erik Raymond, "Christians Need to Stop Cussing," The Gospel Coalition), https://www. thegospelcoalition.org/blogs/erikraymond/christian-need-to-stop-cussing, accessed June 20, 2019.

42 David Powlison, *Speaking the Truth in Love: Counsel in Community* (Greensboro, NC: New Growth Press, 2005), 84.

4장 말로 사람을 살릴 수 있다

43 John Calvin, *Calvin's Commentaries, Volume XXI: Galatians, Ephesians, Colossians, 1&2 Timothy, Titus, Philemon*, Trans. William Pringle (Grand Rapids: Baker, 1999), 225-26.

44 Sam Crabtree, *Practicing Affirmation: God-Centered Praise of Those Who Are Not God* (Wheaton, IL: Crossway, 2011), Kindle edition, location 66. 성경적으로 어떻게 다른 이들을 칭찬해야 하는지, 왜 칭찬해야 하는지에 대한 더 충실한 연구를 보기 원한다면 나는 주저 없이 이 책을 추천한다. 저자는 이번 장에서 다루고 있지 않는 문제들까지 다루고 있다. 예를 들어 불신자들을 칭찬해야 하는지, 자기 자신이 타인에게 좋은 평가를 얻고자 할 때 어떻게 마음을 다스려야 하는지에 대해서도 다루고 있다.

45 Ibid., location 127.

46 Ibid., location 143.

47 하나님의 사랑이 교회 권징을 통해 어떻게 드러나는지에 대한 더 광범위한 연구를 원한다면 Jonathan Leeman의 *The Church and the Surprising Offense of God's Love: Reintroducing the Doctrines of Church Membership and Discipline* (Wheaton, IL: Crossway, 2010)을 적극 추천한다.

5장 말하는 방식도 살펴야

48 Costi Hinn, *God, Greed, and the (Prosperity) Gospel: How the Truth Overwhelms a Life Built on Lies* (Grand Rapids: Zondervan, 2019), 206.

49 David "Gunner" Gundersen, "7 Secret Weapons in Ministry," https://davidagundersen.com/2016/05/16/seven-secret-weapons-in-ministry.

50 William P. Farley, *Gospel-Powered Humility* (Phillipsburg, NJ: P&R, 2011), 185.

51 Roger Nicole, "How to Deal with Those Who Differ from Us" in David W. Bailey, *Speaking the Truth in Love: The Life & Legacy of Roger Nicole* (Birmingham, AL: Solid Ground Christian Books, 2006), 184.

52 Ken Sande, *The Peacemaker: A Biblical Guide to Resolving Personal Conflict*

(Grand Rapids: Baker, 2004), 169. 《화평하게 하는 자》(피스메이커, 2022).

53 Mary Beeke, *The Law of Kindness: Serving with Heart and Hands* (Grand Rapids: Reformation Heritage, 2007), 180-81.

54 Sande, *The Peacemaker*, 178.

55 Ibid.

56 John Crotts, *Graciousness: Tempering Truth with Love* (Grand Rapids: Reformation Heritage, 2018), Kindle edition, location 1265.

57 Ibid,

58 Ibid.

59 Crotts, *Graciousness*, location 1017.

60 Ibid.

61 Wurmbrand, *Tortured for Christ*, Kindle edition, location 3838.

7장 말이 많은 사람을 위한 조언

62 Deepak Reju, "Listen Up! Practical Help for Lousy Listeners," The Gospel Coalition, July 18, 2019, https://www.thegospelcoalition.org/article/listen-up-help-lousy-listeners. Accessed July 24, 2019.

63 David Powlison, *Speaking the Truth in Love: Counsel in Community* (Greensboro, NC: New Growth Press, 2005), 83.

64 Sande, *The Peacemaker*, 165.

65 Powlison, *Speaking the Truth in Love*, 85.

66 Sande, *The Peacemaker*, 168.

67 Ibid.

험담, 그 일상의 언어

복음은 우리의 말을 어떻게 변화시키는가?

2024년 6월 30일 초판 1쇄 발행
2024년 8월 10일 초판 2쇄 발행

지은이 제프 로빈슨(Jeff Robinson Sr.)
옮긴이 권명지
펴낸이 고태석
디자인 김수진 | 엔드노트
편집 김지혜 | 양야의숲
펴낸곳 구름이 머무는 동안

출판등록 2021년 6월 4일 제2022-000183호
이메일 cloud_stays@naver.com
인스타그램 @cloudstays_books

ISBN 979-11-982676-5-8 (03230)